A LUTA PELO DIREITO

Diretora Responsável
MARISA HARMS

Diretora de Operações de Conteúdo
JULIANA MAYUMI ONO

Editores: Cristiane Gonzalez Basile de Faria, Danielle Oliveira, Iviê A. M. Loureiro Gomes e Luciana Felix

Assistente Editorial: Karla Capelas

Produção Editorial
Coordenação
JULIANA DE CICCO BIANCO

Analistas Editoriais: Amanda Queiroz de Oliveira, Andréia Regina Schneider Nunes, Danielle Rondon Castro de Morais, Flávia Campos Marcelino Martines, George Silva Melo, Luara Coentro dos Santos e Rodrigo Domiciano de Oliveira

Técnica de Processos Editoriais: Maria Angélica Leite

Assistentes Documentais: Roberta Alves Soares Malagodi e Samanta Fernandes Silva

Administrativo e Produção Gráfica
Coordenação
CAIO HENRIQUE ANDRADE

Assistentes Administrativos: Antonia Pereira e Francisca Lucélia Carvalho de Sena

Auxiliar de Produção Gráfica: Rafael da Costa Brito

Capa: Chrisley Figueiredo

Dados Internacionais de Catalogação na Publicação (CIP)
(Câmara Brasileira do Livro, SP, Brasil)

Ihering, Rudolf von, 1818-1892.
A luta pelo direito / Rudolf von Ihering ; [tradução de] J. Cretella Jr. e Agnes Cretella. -- 8. ed. -- São Paulo : Editora Revista dos Tribunais, 2014. -- (RT-textos fundamentais ; 3)

Título original: *Der Kampf um's Recht.*
Bibliografia.
ISBN 978-85-203-5290-8

1. Direito - Filosofia I. Título. II. Série.

14-04368 CDU-340.12

Índices para catálogo sistemático: 1. Direito : Filosofia 340.12 **2.** Filosofia do direito 340.12

TEXTOS FUNDAMENTAIS
3

RUDOLF VON IHERING

A LUTA PELO DIREITO

8.ª edição da tradução de
J. CRETELLA JR. e AGNES CRETELLA

THOMSON REUTERS
REVISTA DOS
TRIBUNAIS™

Textos Fundamentais 3

Rudolf von Ihering

A Luta pelo Direito

8.ª edição revista da tradução de
J. Cretella Jr. e Agnes Cretella

Da edição *Der Kampf um's Recht*. 13. ed. Viena: Manz'sche k.u.k. HofVerlags- und Universitäts-Buchhandlung I. Kohlmarkt 20, 1897.

1.ª edição da tradução, 1.ª tiragem: 1998 – *2.ª tiragem:* 1999 – *2.ª edição revista da tradução:* 2001 – *3.ª edição revista da tradução:* 2003 – *4.ª edição revista da tradução:* 2004 – *5.ª edição revista da tradução: 2008 – 6.ª edição revista da tradução: 2010 – 7.ª edição revista da tradução: 2013.*

Editora Revista dos Tribunais Ltda.

Marisa Harms
Diretora Responsável

Rua do Bosque, 820 – Barra Funda
Tel. (0xx11) 3613-8400 – Fax (0xx11) 3613-8450
CEP 01136-000 – São Paulo, SP, Brasil

Central de Relacionamento RT
(atendimento, em dias úteis, das 8 às 17 horas)
Tel. 0800-702-2433

e-mail de atendimento ao consumidor: sac@rt.com.br
Visite o nosso *site*: www.rt.com.br

Impresso no Brasil [06-2014]

Universitário complementar

Fechamento desta edição [15.05.2014]

ISBN 978-85-203-5290-8

Seiner verehrten Freundin der Frau Professor
AUGUSTE VON LITTROW-BISCHOFF *als*
Erinnerungsblatt dauernder Dankbarkeit und
Anhänglichkeit bei seinem Abschiede von Wien
(1872) überreicht vom Verfasser – À sua
venerada amiga, senhora do professor
AUGUSTE VON LITTROW-BISCHOFF, como
recordação de perene gratidão e devotamento,
por ocasião de sua despedida de Viena (1872),
dedica o Autor.

Na luta, encontrarás o teu direito.

Sobre os Tradutores

J. Cretella Jr. foi titular de Direito Administrativo da Faculdade de Direito da Universidade de São Paulo, tendo abrilhantado a cátedra ocupada anteriormente com igual notoriedade por Furtado de Mendonça (1852-1882), Rubino de Oliveira (1882-1891), Villaboim (1892-1917), Mello Neto (1917-1927) e Mário Masagão (1927-1969).

Esses Mestres do Direito Administrativo lançaram a semente, que floresceu dando origem à "Escola" de Direito Administrativo de São Paulo, da qual o Prof. Cretella Jr. é expoente. Além da sua experiência na cátedra, advogou e foi membro de inúmeras Comissões Processantes.

Agnes Cretella é bacharel em Direito pela Faculdade de Direito da USP, onde fez curso de pós-graduação em Direito Penal. Especializada em traduções dos idiomas francês, inglês, alemão, italiano e espanhol.

Prólogo dos tradutores à 1.ª edição

Rudolf von Ihering nasceu em 22 de agosto de 1818, em Aurich, no antigo reino de Hanôver, às margens do Mar do Norte. Formou-se em Direito na Universidade de Berlim, tornando-se livre-docente daquela prestigiada escola aos 25 anos de idade. Dois anos depois, foi nomeado professor na Basiléia, Suíça. No ano seguinte, assumiu uma cadeira em Mecklenburg, mais tarde em Kiel e depois em Giessen, no Grão-Ducado de Hesse. Morreu em 1892.

Em 1868, foi chamado a Viena e, em 1872, começou a lecionar em Göttingen, onde se fixou, declinando ofertas de Cátedras em Berlim, Leipzig e Heidelberg, preferindo a tranquilidade daquela cidade.

Reconhecido em toda a Alemanha como um dos mais profundos pensadores e maiores juristas, sua obra ultrapassou fronteiras, tornando-lhe o nome famoso no mundo inteiro.

Ao contrário das nossas traduções anteriores, que integram esta coleção, *Dos delitos e das penas*, de Beccaria, e *O Príncipe*, de Maquiavel, a tradução do livro de Rudolf von Ihering – *A luta pelo direito* – apresentou aos tradutores reais dificuldades, a começar pela grafia, como se observa em algumas palavras arcaicas, de certos vocábulos, passando pelo vocabulário e chegando ao estilo, ora poético, ora precioso.

Tomamos aqui por base a 13.ª edição, de 1897, feita em Viena, e incluímos, também, o prefácio de von Ehrenberg para a 11.ª edição, na qual o autor anunciava a morte de von Ihering, ocorrida em 17 de setembro de 1892.

No prefácio do livro, em 1872, *A luta pelo direito,* refere-se o autor à famosa conferência que pronunciara, em Viena, na primavera do mesmo ano, na Associação Jurídica local, palestra que, ampliada e dirigida a círculo maior de leitores, foi publicada depois, no verão do mesmo ano.

Nesse prefácio, von Ihering faz menção às várias traduções de seu livro, feitas em todo o mundo, enumerando, entre as duas dezenas delas, a tradução em língua portuguesa, de João Vieira de Araújo, feita no Recife e datada de 1885.

Analisando várias dessas traduções, notamos que muitas delas se afastavam bastante do texto original, talvez para adaptá-las às peculiaridades do país em que apareceram. Como exemplo, podemos citar o nome das antigas moedas alemãs – "heller", "pfennig", "gulden" e "thaler" – que, no texto em inglês, surgem como "libras" e, no francês, como "francos". Nós optamos por conservar os nomes originais. O mesmo acontece com a expressão "quadratmeile", cuja tradução é "milha quadrada" e que simplesmente passou a ser "quilômetro quadrado" ou "légua quadrada" nas mencionadas traduções.

Nosso lema, ao encetar este trabalho, foi o de ser *so treu wie möglich, so frei wie nötig*, isto é, "tão fiel quanto possível, tão livre quanto necessário". Procuramos, sempre, em português, o vocábulo mais usual, mais conhecido, mas o mais próximo possível do pensamento do autor.

Nas citações que Ihering faz de Shakespeare, d'*O mercador de Veneza*, resolvemos traduzi-las diretamente do texto da peça inglesa, para assim manter-lhe a forma original. O mesmo fizemos em relação a trechos da *Bíblia* e da *Odisséia*, traduzidos diretamente das fontes.

Vocábulos como "Jurisprudenz", em alemão, foram traduzidos, por nós, como "direito" ou por "ciência do direito", e "Jurist", como "advogado" ou, às vezes, "advogado militante". O que o autor denomina de "direito do Estado", às vezes é "direito constitucional", e assim por diante.

Rudolf von Ihering

Rudolf von Ihering (1818-1892) ocupa, ao lado de Savigny (1779-1861), lugar ímpar, de relevo, na história do direito alemão, com repercussão de sua obra em todo o mundo ocidental.

Tendo nascido na pequena cidade de Aurich, estudou Direito, primeiro na famosa cidade universitária de Heidelberg, completando-o em Göttingen e depois em Berlim, em cuja Universidade se graduou.

Distinguindo-se entre os colegas, já no curso jurídico, adquiriu tal renome que foi convidado para lecionar na Basiléia, Suíça, indo depois lecionar, sucessivamente em Kiel (1849), Giessen (1852) e, finalmente, em Viena (1862-1872), onde conheceu a famosa escritora, esposa do jurista Auguste von Littrow-Bischoff, falecida em 1889, e a quem dedicou a primeira edição do célebre opúsculo *A luta pelo direito*, que ora traduzimos.

Em Viena, ao mesmo tempo em que lecionava, continuava a redigir o livro *O espírito do direito romano nas diversas fases de sua evolução* (1852-1865), obra que, em sua maior parte, fora escrita em Giessen (1852) e que, concluída, teve decisiva influência no direito privado de todos os países da Europa. Influiu ainda, profundamente, na Escola de Jurisprudência dos Conceitos, fundada por Puchta, em 1837, dedicada principalmente a concertar e traçar os parâmetros lógicos e sistemáticos da Ciência do Direito, o que provocou, na época, um choque com os adeptos da Escola Historicista, criada por Savigny, tradicionalista e antirracionalista.

Em 1804, é publicado o Código Civil francês e neste percebe-se aqui e ali a influência deste sobre Ihering, muitos anos mais tarde.

Ihering exerceu influência marcante sobre os juristas das épocas posteriores. De cunho eminentemente dogmático, a repercussão da Escola Conceitualista se fez sentir também sobre o pensamento do notável jurista Hans Kelsen, como se observa pela leitura de sua clássica obra *A teoria pura do direito* (1881-1883).

Por isso escolhemos *A luta pelo direito*, de Ihering, para traduzir e integrar a Série RT Textos Fundamentais que estamos organizando para a Editora Revista dos Tribunais.

Prefácio de Ihering

Na primavera de 1872, pronunciei uma conferência, na Sociedade Jurídica de Viena, publicada, logo depois, no verão do mesmo ano, bastante ampliada e dirigida a círculo maior de leitores, com o título de *A luta pelo direito*.

O objetivo que me levou à elaboração e publicação dessa obra foi menos a exposição teórica de pura teoria jurídica do que a elaboração de uma tese ético-prática, menos dirigida à divulgação científica do Direito, do que ao intuito de despertar nos espíritos a disposição moral que deve constituir a atuação firme e corajosa do sentimento jurídico.

As numerosas edições que o livrinho recebeu demonstram que o êxito inicial não foi devido ao gosto pela novidade, mas à convicção do grande público sobre a correção da concepção básica nele expressa. Isso é reforçado pelo reconhecimento do Exterior, demonstrado pelo grande número de traduções publicadas do livro.

No ano de 1874, foram publicadas as traduções:

1. uma húngara, de G. Wenzel, Budapest;
2. uma russa, numa revista jurídica publicada em Moscou, de autor desconhecido;
3. uma segunda (tradução) russa, de Wolkoff, Moscou;
4. uma em grego moderno, de M. A. Lappas, Atenas;
5. uma holandesa, de G. A. van Hamel, Leida;

6. uma rumena, no *Jornal Romanulu*, publicada em Bucareste (24 de junho e segs.);
7. uma sérvia, de Christic, Belgrado;

No ano de 1875:

8. uma francesa, de A. F. Meydieu, Viena e Paris;
9. uma italiana, de Raffaele Mariano, Milão e Nápoles;
10. uma dinamarquesa, de C. G. Graebe, Copenhague;
11. uma tcheca, de autor desconhecido, Brünn;
12. uma polonesa, de A. Matakiewicz, Lemberg;
13. uma croata, de H. Hinkovic, primeiramente na *Revista Pravo*, depois em publicação independente, Agram.

No ano de 1879:

14. uma sueca, de Ivar Afzelius, Upsala;
15. uma inglesa, de John J. Lalor, Chicago, da qual, nesse meio tempo, se providenciou segunda edição;

No ano de 1881:

16. uma espanhola, de Adolfo Posada y Biasca, Madri;

No ano de 1883:

17. uma segunda (tradução) espanhola, de Afonso de Pando y Gomes, Madri;
18. uma segunda (tradução) inglesa, de Philip A. Asworth, Londres;

No ano de 1885:

19. uma portuguesa, de João Vieira de Araújo, Recife, Brasil;

No ano de 1886:
20. uma japonesa, de Nischi, Tóquio;

No ano de 1890:
21. uma segunda (tradução) francesa, de O. de Meulenaere, Paris.

Nas edições posteriores, suprimi a introdução anterior, pois exprimia uma ideia que, pelo espaço exíguo, que lhe fora reservado, seria de difícil compreensão. Nem estou bem certo se, na divulgação do trabalho entre leigos, deveriam ser omitidos os trabalhos dirigidos especialmente aos juristas, entre os quais sobressai a parte final, referente ao direito romano e a sua moderna teoria.

Tivesse eu adivinhado a popularidade que o livro alcançaria e ter-lhe-ia dado, desde o início, forma diversa, o que não ocorreu, pois ele teve origem numa conferência destinada a juristas e eu achei que não deveria modificá-lo, em sua concepção original, mas esta determinação não impediu que se divulgasse o referido escrito entre os leigos.

Também não fiz nenhuma alteração de fundo nas edições posteriores. Considero a ideia fundamental de meu livro incontestavelmente correta e irrefutável, de modo que seria supérflua toda palavra destinada a defendê-la contra os que a combatem. Se o direito de alguém for torpemente desprezado e pisado, não sentiria essa pessoa o irresistível impulso de defendê-lo, pois não está em jogo apenas o objeto desse direito, mas também sua própria pessoa? Essa pessoa não deve ser auxiliada, nem tenho interesse algum em convencê-la.

Trata-se de um tipo que não pode ser considerado humano, mas mera matéria de fato, reconhecido apenas como filisteu do direito, como eu o considero, sendo o egoísmo e o materialismo suas características essenciais. Nem é preciso que seja um Sancho Pança do direito para ver um D. Quixote naquele que, ao defender seu direito, só tenha em vista um interesse ligado ao bolso. Para ele não tenho outras palavras senão as que aparecem nos escritos de Kant: "Aquele que rasteja como verme, não pode queixar-se de ser pisoteado".[1]

Em outra passagem, diz Kant que "jogar seu direito sob os pés de outrem, é o desprezo da humanidade por si própria" e, aludindo ao "nosso dever de dignificar a porção de humanidade que existe em nós", chega à máxima: "Não permita que seu direito seja pisoteado impunemente". É esta a ideia precisa que desenvolvi em meu trabalho; ela está gravada no coração dos indivíduos e expressa de mil maneiras pelos povos.

O único mérito que posso reivindicar consiste em que sistematizei fundamentadamente essas ideias e as desenvolvi com precisão.

Interessante contribuição ao meu trabalho foi dada pelo Dr. A. Schmiedl, *Die Lehre vom Kampf um's Recht im Verhältniss zu dem Judenthum und dem ältesten Christenthum*, Wien, 1875 (*Estudo sobre a luta pelo direito em relação ao Judaísmo e ao Cristianismo mais antigo*) Viena, 1875.

O enunciado do professor de direito hebreu, na página 15, reza: "Que diante de teus olhos o objeto do direito seja

1. Kant, *Metaphysische Anfangsgründe der Tugendlehre,* Aufl 2. Kreuznach 1800, S. 133 (*Fundamentos metafísicos da moral,* 2. ed., Kreuznach, 1800, p. 133).

igual, quer valha ele um pfennig ou cem gulden".[2] Isto coincide inteiramente com o que desenvolvi pouco antes. Tratamento literário foi dado ao tema por Karl Emil Franzos, em seu romance: *Der Kampf um's Recht* (A luta pelo direito), sobre o qual me manifestei em minha própria obra.

As referências que meu trabalho recebeu, tanto no âmbito nacional como no Exterior, são tão extraordinariamente numerosas, que me abstenho de mencioná-las uma a uma.

Deixo ao próprio livro que convença o leitor da exatidão do pensamento que defendo, limitando-me aqui a dois pedidos àqueles que se sentem impelidos a contestar-me.

Em primeiro lugar, que não deturpem meus pontos de vista, falseando-os, com disputa e controvérsia, lendo o processo e a palavra com má vontade, já que não defendo a luta pelo direito em todos os pleitos, pedindo apenas naqueles em que a agressão ao direito implica igualmente em desprezo pela pessoa.

A transigência e a conciliação, a doçura e o espírito de paz, a comparação e a renúncia em fazer prevalecer o direito de outrem, encontram, em minha teoria, o lugar que merecem; em contrapartida, infelizmente, existe a tolerância à agressão ao direito, resultante da covardia, do comodismo e da indolência.

Em segundo lugar, desejo que aquele que quiser, seriamente, rebater minha teoria, tente contrapor à fórmula prática que desenvolvi outra fórmula positiva; logo perceberá onde deve chegar. O que deverá então fazer aquele cujo direito for pisoteado?

---

2. Nomes de antigas moedas da Alemanha. N. dos T.

Vence-me quem conseguir responder a isto, e que afine com a vitoriosa ordem jurídica e com a ideia pessoal da resposta mantida: a quem isso não agradar, só tem por escolha ou me conhecer ou contentar-se com a meia-medida, que é a característica de todas as mentes confusas, que desagradam e negam, sem oferecer a própria opinião.

É possível alguém contentar-se com puras indagações científicas, apenas para refutá-las, mesmo quando não tem condições de colocá-las no lugar da verdade positiva, mas por indagações práticas, que devem ser manipuladas e que devem ser rejeitadas como inverdades e substituídas por outra. Espero que isso aconteça, pois até agora nem a mais fraca tentativa foi feita nesse sentido.

Algumas palavras ainda, por fim, sobre um assunto secundário, que nada tem a ver com minha teoria como tal, mas com o qual concordo. Trata-se de minha convicção a respeito da injustiça cometida contra Shylock.

O que declarei foi que o juiz deveria reconhecer como válido o título de Shylock, mas, uma vez reconhecido, depois de prolatada a sentença, não poderia, por desprezível subterfúgio, frustrá-la.

O juiz tinha a opção de declarar o título válido ou inválido. Essa decisão do juiz seria, conforme Shakespeare, a única possível. E por ela optou. Ninguém em Veneza duvidava da validade do título: os amigos de Antônio, o próprio Antônio, o doge, o tribunal, todos, enfim, estavam de acordo que o judeu estava em seu direito.[3] Imbuído da inabalável confiança

---

3. *Ato III, cena 3, Antônio: "O doge não pode impedir o progresso do direito". Ato IV, cena I, doge: "Sinto pena de ti". Antônio: – "Porque não há nenhum meio legal que possa subtrair-me a teu ódio".*

no seu direito, por todos reconhecido, é que Shylock solicita o auxílio da justiça, e o sábio Daniel, depois de tentar dissuadir o credor, que clamava por vingança, na concretização de seu direito, acaba reconhecendo esse mesmo direito.

Agora, proferida a sentença e afastada toda e qualquer dúvida sobre o direito do judeu, quando não mais se ousa formular a menor contestação contra a decisão, quando toda a Assembleia, inclusive o doge, se submete à palavra da lei, quando o vencedor, plenamente convencido do seu direito, pretende executar aquilo a que a sentença o autoriza, o próprio juiz, que solenemente proclamara esse direito, procura frustrá-la com objeção, com uma artimanha tão desprezível e tão vil que não merece sequer uma contestação séria. Por ventura existiria carne sem sangue?

Pórcia: – "Que a lei de Veneza não pode atingir-te. Isso não pode ser. Não há poder em Veneza que possa alterar um decreto editado. O conteúdo e a informação do decreto coincidem totalmente com a sanção cominada claramente neste título. Uma libra de carne deste mercador te pertence. O tribunal reconhece este teu direito e a lei o entrega a ti".

Confirmava-se assim a regra de que o título era plenamente válido, isto é, que o direito em tese tinha sido reconhecido unanimemente pelo consenso real, mas, pronunciada a decisão, o vencedor vê que, na fase de execução, é enganado pelo próprio juiz, mediante pérfido sofisma. Do mesmo modo, poder-se-á condenar o devedor, e, depois, o credor, a ir buscar com as próprias mãos o dinheiro num forno quente ou ir retirá-lo do alto de uma torre, se o devedor fosse um telhadista, ou, ainda, na profundeza das águas, se fosse um mergulhador, desde que, no título, nada constasse sobre o lugar do pagamento.

Ao reconhecer a Shylock o direito de cortar do corpo de Antônio uma libra de carne, o juiz reconheceu-lhe também o direito ao sangue, sem o qual a carne não pode existir, e quem tiver o direito de cortar uma libra de carne, pode, se quiser, tirar menos.

Nega-se ao judeu tirar ambos: ele só poderá cortar uma libra de carne, sem sangue, e só poderá cortar exatamente uma libra, nem mais nem menos. Teria eu dito demais, por acaso, afirmando que o judeu aqui foi enganado em seu direito? Certamente isso acontece no interesse da humanidade, mas a injustiça deixará de ser injustiça, se for cometida em nome da humanidade? E se o fim justifica os meios, por que não decidir logo, mas somente após a sentença?

A contestação sobre o que consta aqui e no próprio livro foi defendida, que desde a primeira edição já foi amplamente manifestada, a partir do aparecimento da sexta edição de meu trabalho, em 1880, foi apoiada por dois juristas, em seus próprios opúsculos. Um deles é A. Pietscher, presidente da Corte Distrital, com o título *Jurista e poeta, ensaio sobre o estudo d'A luta pelo direito, de Ihering, e O mercador de Veneza, de Shakespeare,* Dessau, 1881.

Reproduzo, em essência, o ponto de vista do autor, com suas próprias palavras: "Contra um artifício usa-se artifício maior. O vilão cai na própria armadilha". Com a primeira parte dessa proposição ele devolve minhas próprias palavras; apenas confirmou o que eu disse: que Shylock foi lesado em seu direito por maldade, mas pode o direito usar tal recurso? Sobre isso o autor ficou devendo uma resposta e eu duvido que, como juiz, ele usasse tal expediente.

Quanto à segunda parte da proposição, pergunto: quando as leis de Veneza declararam o título válido, isso tornou o judeu um malandro, porque as invocou, e quando assim procedeu teria ele montado uma armadilha, cuja responsabilidade seria dele ou da lei? Tal dedução não muda a minha opinião, mas até a fortalece. O segundo opúsculo, que segue outro caminho, é de Joseph Kohler, professor em Würzburg, em sua obra: *Shakespeare diante do fórum da ciência do direito*, Würzburg, 1883. Segundo ele, a cena do Mercador de Veneza, no Tribunal, encerra, em si, "a quintessência da índole e da formação do direito, contendo um saber jurídico mais profundo do que o contido em dez volumes das Pandectas, proporcionando-nos uma visão mais precisa do que todas as obras sobre a história do direito de Savigny a Ihering" (p. VI). Fazemos votos para que parte do mérito fenomenal alcançado por Shakespeare, no campo jurídico, reverta a favor de Colombo, que descobriu esse novo mundo do direito, cuja existência ficara ignorada até então pelos círculos jurídicos.

De acordo com as normas que regulam a descoberta do tesouro, ao descobridor, ou inventor, caberia a metade do achado e, quando ele lhe atribui um valor inestimável, deverá contentar-se com a recompensa. Remeto o leitor ao próprio opúsculo do autor, para inteirar-se da "imensa quantidade de ideias jurídicas que Shakespeare formulou sobre o assunto", embora não ouse aconselhar ninguém a mandar a juventude dedicada ao direito frequentar a escola de Pórcia,[4] a fim de saciar-se nesse novo evangelho do direito. Além do mais, homenagem especial seja feita à bela fala de Pórcia: "O triunfo da consciência jurídica iluminada sobre a noite sombria que

---

4. Pórcia é personagem d'*O mercador de Veneza*, de Shakespeare. N. dos T.

até então envolvia o mundo do direito, triunfo que se esconde atrás de razões ilusórias, que recorre à máscara da falsa motivação, porque isso é indispensável. É, entretanto, uma vitória, vitória imensa e gloriosa, que não fica limitada ao processo considerado isoladamente, mas atinge toda a história do direito. É o sol do progresso que, uma vez mais, lança seus raios acalentadores nas salas da justiça. É o reino de Sarastro,[5] que vence as forças das trevas".

A Pórcia e a Sarastro, cujos nomes estão ligados à nova ciência do direito, inaugurada pelo autor que acabamos de citar, devemos acrescentar o doge de Veneza, que, vinculado até então aos laços do "direito anterior" e submetido às "forças das trevas" e libertado pela palavra redentora de Pórcia, passa a tomar consciência da *missão histórica universal* da qual se acha investido, reparando, integralmente, sua omissão anterior, que o tornara culpado.

Primeiro, declara Shylock culpado de tentativa de homicídio. "Embora nisso haja ainda uma certa injustiça, essa injustiça encontra plena justificativa perante a história universal." Trata-se de uma contingência histórica mundial e, ao incluir este dado em sua obra, Shakespeare superou-se a si mesmo, como historiador do direito. "Shylock deverá ser não só vencido, como também punido, o que é indispensável para enaltecer a vitória da nova ideia do direito". Em seguida, condena o judeu a converter-se ao cristianismo.

---

5. Sarastro, no texto, é o mesmo que Zoroastro ou Zaratustra, adepto do masdeísmo, religião que mostra a luta entre o Bem e o Mal. Sarastro ensina que, no final, vence a Justiça. O nome Zaratustra faz parte do título do livro de Nietzsche: *Assim falava Zaratustra*.

"Também essa exigência, em si, contém uma verdade histórica universal. Condenável, a nosso ver, essa exigência, contrária à ideia de liberdade de crença, mas que, entretanto, corresponde ao ciclo da história, que lançou milhares de criaturas nos campos de uma crença, não através da palavra do pregador, mas mediante a ameaça do carrasco". São esses os "raios acalentadores que o sol do progresso projeta nos pretórios".

Os judeus e os hereges aprenderam outrora a experimentar o calor desses raios nas fogueiras de Torquemada.[6] É assim que o reino de Sarastro triunfa sobre as forças das trevas.

Basta uma Pórcia para, mediante o sofrimento do erudito Daniel, derrubar o direito existente, um doge que lhe siga as pegadas, um jurista amigo da profunda ciência do direito e da quintessência do direito que lhe serve de fundamento para as decisões, servindo-se da fórmula histórica universal – e está tudo solucionado! Eis o "fórum do direito", perante o qual fui acusado pelo autor. Este, no entanto, deverá renunciar à ideia que tenho sobre esse assunto, pois ainda conservo dentro de mim muito do "velho direito das Pandectas" para poder participar dessa nova era da ciência do direito, que ele agora nos apresenta.

Não me desviarei igualmente do caminho da história do direito, que me habituei a trilhar, apesar da impressão que me causou a ideia de que, se eu tivesse a penetrante visão do mencionado autor, talvez pudesse ter extraído d'*O merca-*

---

6. Tomás de Torquemada (1429-1498) foi o implacável Inquisidor Geral da Península Ibérica, célebre por sua intolerância e rigor. N. dos T.

dor de Veneza conhecimento mais profundo da formação do direito do que aquele que se encontra em todas as fontes do direito positivo e na nossa literatura referente à história do direito, escritas em nosso século, de Savigny até hoje.

Uma análise, feita em artigo publicado no *Albany Law Journal*, de 27 de dezembro de 1879, no qual se comenta a tradução inglesa de minha obra, publicada em Chicago, deu-me ciência de que a opinião que eu dera a respeito da decisão de Pórcia, que defendi, já fora exposta, antes, por um colaborador do referido jornal, em número anterior, aparecido antes de minha obra.

O autor do comentário não soube explicar essa coincidência, a não ser como a de um plágio, que eu teria perpetrado ("roubado" é o vocábulo, aliás, não muito gentil, que ele emprega).

Não pretendo esconder do público alemão esta interessante descoberta. Trata-se da mais original forma de plágio existente, pois quando a realizei nunca tinha posto os olhos nessa revista e nem mesmo sabia de sua existência.

Quem sabe um dia eu ainda serei informado de que nem mesmo meu trabalho foi escrito por mim, mas simplesmente vertido para o alemão, a partir da tradução inglesa, surgida na América? A redação do *Albany Journal*, na verdade, diante de meus protestos, declarou, no número seguinte (n. 9, de 28 de fevereiro de 1880), que tudo não passara de mera brincadeira. Bem estranhas as brincadeiras com que se divertem as pessoas do outro lado do oceano!

Não posso encerrar este prefácio, que continuou inalterado nas sucessivas edições, sem dizer algumas palavras em memória da mulher à qual este livro foi dedicado, na época de sua publicação.

A morte arrebatou-a quando surgiu a nona edição (1889) do livro. Perdi com isso uma pessoa que me orgulho de poder chamar de amiga. Foi uma das mulheres mais extraordinárias que encontrei em minha vida. Fez-se notar não apenas pelas qualidades de espírito, saber e cultura invulgares, como também pelas belas qualidades de coração e de caráter.

Creio que uma das providências mais generosas de meu destino residiu no fato de minha transferência para Viena, o que me permitiu estreitar relações com ela.

Oxalá este pequeno escrito, dedicado à mulher a quem acabo de me referir, conserve-lhe o nome ligado ao meu, em círculos bastante amplos, pelo tempo que ainda lhe esteja reservado.

Solene inquietação. A sobrevivência do nome dela, em círculos mais restritos da história da literatura, foi conquistada por ela mesma, mediante as valiosas notas ao ensaio que escreveu sobre Grillparzer, de quem era amiga.

Göttingen, 1.º de julho de 1891

PREFÁCIO DA 11.ª EDIÇÃO

Exatamente um ano a partir do dia em que foram escritas as relevantes palavras, em memória da amiga que falecera, apareceram os primeiros sintomas da doença que poucos meses depois levaria o autor de *A luta pelo direito*. No dia 17 de setembro de 1892, Rudolf von Ihering veio a falecer, mas a força viva de seus escritos permanece. Isso fica patente, porque a maioria de sua obra aparece, nesse meio tempo, em novas edições, assim como este pequeno livro, que espalha seu nome por toda a terra habitada – como as inúmeras cartas dirigidas ao autor atestam – e que se manifestaram acima de tudo como um brado de alerta – iluminados por sua sensibilidade jurídica.

Não é sem fundamento que se encontra, na orgulhosa autoafirmação da personalidade, *A luta pelo direito*, tão efusivamente reafirmada, uma característica novamente encontrada, o descendente de uma vigorosa herança genética, recebida de seus antepassados. Ele próprio mal o sabia, porque o impulso da força de seu espírito e a grandeza de seu horizonte o afastaram do pequeno e fechado mundo, em que o povo frísio[1] tecia, durante séculos, os silenciosos fios de sua existência. Mas, mesmo sem sabê-lo, Ihering colocou, n'*A luta pelo direito*, o espírito de seu povo, num significativo momento jurídico.

Göttingen, novembro de 1894

VON EHRENBERG

---

7. O povo *frísio* (ou *frisão*), da Frísia, antiga província dos Países Baixos e da Alemanha, no Mar do Norte.

Sumário

Capítulo I

O objetivo do direito é a paz. A luta é o meio de consegui-la. Enquanto o direito tiver de repelir o ataque causado pela injustiça – e isso durará enquanto o mundo estiver de pé – ele não será poupado.

A vida do direito é a luta, a luta de povos, de governos, de classes, de indivíduos.

Todo o direito do mundo foi assim conquistado, todo ordenamento jurídico que se lhe contrapôs teve de ser eliminado e todo direito, assim como o direito de um povo ou o de um indivíduo, teve de ser conquistado com luta.

O direito não é mero pensamento, mas sim força viva. Por isso, a Justiça segura, numa das mãos, a balança, com a qual pesa o direito, e na outra a espada, com a qual o defende. A espada sem a balança é a força bruta, a balança sem a espada é a fraqueza do direito. Ambas se completam e o verdadeiro estado de direito só existe onde a força, com a qual a Justiça empunha a espada, usa a mesma destreza com que maneja a balança.

O direito é um labor contínuo, não apenas dos governantes, mas de todo o povo. A vida inteira do direito, vista de relance, mostra-nos o mesmo espetáculo sem descanso e o trabalho de uma nação, que se baseia no que oferece a produção econômica e intelectual.

Cada um que se encontra na situação de precisar defender seu direito participa desse trabalho nacional, levando sua contribuição para a concretização da ideia de direito sobre a terra.

Naturalmente, isso não se aplica igualmente a todos. A vida de milhares de indivíduos transcorre, indubitavelmente, sem contratempos, no bom caminho do direito e, se nós lhes disséssemos "o direito é luta", não nos entenderiam, pois só conhecem o direito como condição de paz e ordem. E, do ponto de vista de sua própria experiência, todos eles têm razão, assim como o rico herdeiro, a quem o fruto do trabalho alheio caiu do céu, contesta o dito: propriedade significa trabalho. Ambos os enganos têm seu fundamento em que os dois lados, tanto a propriedade como o direito, encerram em si e podem, de maneira subjetiva, dar o prazer e a paz a um e, ao outro, o trabalho e a luta.

Tanto a propriedade como o direito possuem uma face como a de Janus,[1*] bifronte, para uns, mostrando um dos lados, para outros, o outro lado, donde a total diversidade do quadro, que engloba a ambos.

Em relação ao direito, isso vale para cada indivíduo e para todas as idades. A vida de um é a guerra, a de outro é a paz, e os povos, por causa dessa diversidade de distribuição subjetiva, sentem a mesma decepção que os indivíduos. Um longo período de paz – a crença numa paz perpétua está no sangue –, dura até que o primeiro tiro de canhão desfaz o belo sonho e, no lugar de uma geração, que gozou a paz sem esforço, vem outra, que através do trabalho árduo da guerra terá direito de merecê-la. Assim se divide entre as propriedades, como no direito, o trabalho e o prazer, mas para um o prazer, que se desfrute, corresponde, para outro, a trabalho e luta.

---

1. *Janus* bifronte *(bifrons)*, um dos mais antigos deuses do Lácio, guardião das portas do templo, tem duas faces, a primeira, normal, a segunda, na nuca, vigiando a entrada e a saída. N. dos T.

A paz sem luta e o prazer sem trabalho pertencem à época do paraíso, mas a história conhece ambos apenas como resultado incessante e como penoso esforço.

As ideias, de que a luta é o labor do direito, referem-se à necessidade prática, e a valorização ética deve ser colocada na mesma linha que o trabalho ocupa em relação à propriedade, e é isso que pretendo, em seguida, desenvolver.

Não creio que com isso eu faça um trabalho vão; ao contrário, pretendo redimir um pecado de que é culpada a nossa teoria (e não quero aludir apenas à filosofia do direito, mas também ao direito positivo).

Percebe-se perfeitamente, em nossa teoria, que ela mais se preocupa com a balança do que com a espada da legitimidade; a unilateralidade do ponto de vista puramente científico do direito, em que ela se baseia e em que logo depois se resume o direito, menos sob o seu aspecto realista do que como poderosa concepção, ou muito mais como aspecto lógico, como sistema de normas jurídicas abstratas, influenciou, de algum modo, todo o meu conceito de direito, que não está condizente com a crua verdade – como reprovação para o curso de minha apresentação, que não pode faltar.

A palavra *direito* é empregada em sentido duplo, tanto objetivo como subjetivo. No sentido objetivo, é o conjunto de leis fundamentais editadas pelo Estado, ou seja, o ordenamento jurídico da vida e, no sentido subjetivo, é a atuação concreta da norma abstrata no direito específico de determinada pessoa.

Em ambas as acepções, o direito encontra oposição e, em ambas as direções, deve ser controlado, isto é, deve estar no caminho da luta para vencê-la ou para defendê-la. Como objetivo real do meu ponto de vista, tive de escolher a segunda direção, mas não posso omitir minha opinião de que a luta está na essência do direito e também na primeira direção estabelecida como certa.

Incontestável, pois, não necessitando de demonstração, esta premissa é para a realização do direito por parte do Estado; a manutenção da ordem jurídica, da parte do Estado, não é senão uma luta contínua contra as transgressões da lei.

Entretanto, o mesmo não acontece com a formação do direito, seja a formação ancestral, ocorrida no início da História, seja a renovação diária que ocorre sob as nossas vistas e que se realiza pela substituição das regras de direito existentes por outras regras, configurando, enfim, em poucas palavras, o progresso do direito.

Existe uma opinião, contrária ao meu entendimento, de que a formação do direito é submetida à mesma lei que lhe rege a existência. Essa opinião, que pode ser designada pelo nome dos seus representantes mais eminentes como teoria de Savigny e de Puchta, vem obtendo aceitação generalizada, ao menos no terreno da ciência romanística de nossos dias.

Como consequência disso, a formação do direito se faz de modo tão imperceptível e indolor quanto a da linguagem, que não precisa de nenhum esforço, de nenhuma luta, nem mesmo a busca do direito, pois é a própria força válida da verdade, que, sem esforço violento, devagar, mas com segurança, abre caminho; a força da convicção, com que se conquistam as consciências e que se exprime através de seu manejo – uma nova norma jurídica entra tão facilmente em existência quanto uma regra linguística.

Segundo essa teoria, um preceito de direito romano antigo, que permitia ao credor vender o devedor como escravo, ou a regra que permitia ao proprietário reivindicar seus bens, que estivessem na posse de outrem, deve ter ocorrido de modo semelhante à da regra pela qual a preposição *cum* regia o ablativo na antiga Roma.

Foi esta a concepção da origem do direito, com a qual saí da Universidade e com cuja influência ainda sofri durante muitos anos. Teria sido esta a concepção verdadeira?

É preciso admitir que o direito, como a linguagem, tem uma evolução involuntária e inconsciente ou, para usar a expressão tradicional, uma evolução orgânica que se processa de dentro para fora. São concernentes a essa evolução as normas jurídicas, enraizadas de modo uniforme, pela qual se realizam os atos jurídicos individuais e todas as abstrações, consequências e regras que levam ao conhecimento do direito, para chegar a fins analíticos e trazer o saber. Mas o poder de ambos esses fatores, isto é, a dos atos jurídicos e da ciência, é limitado.

Esses fatores podem regular e avançar, internamente, o movimento dos caminhos existentes, mas são incapazes de quebrar os diques que impedem o fluxo do direito de abrir nova direção. Isso só a lei pode fazê-lo, isto é, um ato do poder público voltado para esse fim.

Não foi por mero acidente que as reformas mais radicais do processo e do direito material tiveram origem na lei; na verdade, isso resulta de uma necessidade profundamente enraizada na essência do direito.

Na verdade, certas alterações do direito, feitas por lei, ficam restritas ao âmbito do próprio direito ou, em outros termos, permanecem na esfera dos limites abstratos, sem estender-lhe os efeitos para a área das relações concretas, construídas pela máquina jurídica, um prego ou cilindro inútil que pode ser substituído por outro mais perfeito.

No entanto, muito frequentemente acontece que as coisas são feitas só pelo preço de uma operação ilegal, pelo direito existente, servindo a interesses privados.

Com o direito atual, no decorrer do tempo, os interesses de milhares de indivíduos e de classes inteiras uniram-se, de certo modo, para preservá-los, a fim de que não fossem violados, sem sensível ofensa a esses interesses. Quem questiona uma norma ou instituição jurídica, declara guerra a todos esses interesses.

O trabalho equivale a quem pretenda arrancar do mar um polvo[2] que, dotado de mil tentáculos, se agarrou a algo. Toda experiência dessa natureza provoca, através de uma atuação natural do instinto de autoconservação, uma profunda resistência dos interesses ameaçados e, assim, uma luta na qual, como em toda luta, a decisão não depende da validade das razões que impelem os litigantes, mas da relação das forças contrárias, obtendo-se assim o mesmo resultado que o do paralelogramo das forças, verificando-se um afastamento da linha original, que passa para a diagonal.

Só assim se explica que certas instituições públicas há muito relegadas pela opinião pública ainda consigam conservar-se por muito tempo. Não se trata da inércia histórica que proporciona tal sobrevivência, mas da resistência resultante de seus próprios interesses, empenhados na defesa de sua tese.

Em todos os casos em que o direito existente tenha seu fundamento em interesses, o novo direito, para impor-se, terá de empenhar-se em luta que, às vezes, se prolonga por séculos e cuja intensidade aumenta quando esses interesses tomam a forma de direitos adquiridos.

Quando isso ocorre, cada uma das partes litigantes erige, em seus pendões, a divisa da majestade do direito, uma das partes invocando a divisa do direito histórico, o direito do passado, a

2. "Pólipo", no original. N. dos T.

outra, o direito que se constitui dia a dia, sempre rejuvenescido, direito antigo da humanidade que se renova constantemente.

É o exemplo típico do conflito interno, peculiar à própria ideia de direito. Esse conflito assume feições trágicas para todos aqueles que, empregando todos os seus esforços e o próprio ser na defesa dessa convicção, acabam sucumbidos pelo divino julgamento da História. Todas as grandes conquistas que a história do direito revela – a abolição da escravatura, a servidão pessoal, a liberdade de aquisição da propriedade imóvel, a liberdade de profissão e de culto, só foram conseguidas após lutas renhidas e contínuas, que duraram séculos.

Por vezes, são torrentes de sangue, derramado pelos direitos subjetivos calcados aos pés, as marcas que assinalam o caminho trilhado pelo direito, na busca dessas conquistas. "O direito é como Saturno, que devorava os próprios filhos". (Citação extraída de meu livro *O espírito do direito romano*, vol. II, 1, § 27, 4.ª ed., p. 70). Só se rejuvenesce quando se elimina o próprio passado.

O direito concreto (ou subjetivo), uma vez concluído, exige duração ilimitada, ou seja, levanta o braço contra a própria mãe. Conspurca a ideia de direito, quando a evoca, porque a ideia de direito é um movimento ascensorial de transformação, o qual, quando desaparece, cede o lugar ou surge em seu lugar, pois

> Tudo o que existe
> Está fadado a voltar ao nada.

Assim também o direito, em seu movimento histórico, apresenta-nos um quadro de reflexões, de lutas e de combates, em resumo, de penosos esforços.

Ao espírito humano, que inconscientemente vai modelando a linguagem, nenhuma resistência se opõe, tendo a arte de vencer um só obstáculo, isto é, o passado, o gosto dominante.

O direito, porém, considerado como concepção teleológica, colocado no meio do mecanismo caótico dos fins, dos anseios e dos interesses humanos, deverá, sem cessar, procurar o melhor caminho e, quando o tiver encontrado, deverá quebrar as barreiras com que se deparar no percurso. Tal qual a evolução da arte e da linguagem, a do direito é, sem a menor dúvida, uniforme, e determinada pela lei, mas difere bastante da linguagem, no modo e na forma de conduta.

O paralelo traçado por Savigny entre o direito, de um lado, e a linguagem e a arte, de outro, e que, em breve tempo, conseguiu adesão geral, de maneira alguma pode ser aceito.

Falsa como concepção histórica, mas sem maiores consequências, encerra, como máxima política, um dos absurdos mais prejudiciais, já concebidos, pois, na área em que o homem deve agir, empregará todo o esforço, com plena consciência dos fins visados. Este esforço leva o homem a crer que tudo se acomodará por si mesmo e o melhor que ele pode fazer é ficar inerte, aguardando confiante aquilo que o manancial do direito, a consciência jurídica nacional, trará, pouco a pouco, à luz do dia.

Disso advém a aversão que Savigny e todos os seus discípulos nutriam contra o trabalho legislativo,[3] assim como a interpretação incorreta do verdadeiro papel desempenhado pelo costume, na teoria do direito consuetudinário de Puchta.

O costume é para Puchta mera forma de reconhecer a consciência jurídica. Não percebeu Puchta que, no direito consuetudi-

3. N.A. Esta aversão foi exagerada, até a caricatura, por Stahl, em uma conferência a seus discípulos, exagero a que fiz referência em meu livro *O espírito do direito romano*, vol. II, § 25, p. 14, ponto de vista compartilhado por um dos seus seguidores.

nário, é correta a proposição que afirma que o direito representa também uma concepção de poder.

Realmente, a esse espírito privilegiado não poderia escapar o fato de que tal consciência só se plasma mediante ação e que, através desta, adquire força e se imbui da missão de reger a vida. Com essa visão nada mais fez senão pagar tributo à época em que viveu.

Era a época em que florescia a nossa poesia romântica e quem não se espantasse com a ideia de transportar a concepção romântica para a esfera da ciência do direito e quisesse fazer um esforço para comparar a direção que o direito tomou, ao evoluir, em seus dois ramos, terá de concordar com a minha asserção de que a escola histórica poderia chamar-se, perfeitamente, de escola romântica.

Concepção nitidamente romântica, ou seja, fundada em falsa idealização de circunstâncias passadas, é a ideia de que a formação do direito, analogamente a uma erva do campo, segue processo sem dor, espontâneo, sem qualquer esforço, mas a dura realidade revela um quadro contrário.

Esse quadro não se resume à pequena porção que temos sob os olhos e que por toda parte nos mostra a imagem do violento esforço dos povos de hoje.

Por mais que voltemos o olhar para o passado o quadro permanece o mesmo.

A teoria de Savigny aplicar-se-ia somente à época pré-histórica sobre a qual, entretanto, não dispomos de maiores dados. Se, porém, a respeito, me fosse permitido formular hipóteses, oporei a minha teoria à teoria de Savigny, que caracterizou essas priscas eras como cenários de formação calma e pacífica de um direito formado pela consciência popular.

Dever-se-á, então, concordar que minha concepção tem a seu lado, pelo menos, não só a analogia da evolução histórica do direito, como também um cunho de verdade psicológica. Ora, os tempos primitivos!

Outrora era costume enfeitar esses tempos com toda espécie de belos atributos: verdade, sinceridade, lealdade, inocência e fé piedosa. Sobre esse tipo de terreno, o direito, certamente, poderia desenvolver-se, sem nenhuma força, a não ser a convicção jurídica. A força da espada seria desnecessária.

Ocorre que hoje todos sabem que essa piedosa idade primitiva se distinguia por traços radicalmente opostos aos que foram apontados, como a violência, a crueldade, a desumanidade, a astúcia e a perfídia.

Assim, difícil é conseguir que alguém acredite hoje que, na época primitiva, o direito fosse exercido de modo mais perfeito do que nas épocas subsequentes.

Eu, porém, de minha parte, estou convencido de que o trabalho que nessa época se empregou para a obtenção desse objetivo foi muito mais penoso do que o do mais antigo direito romano; as mais simples regras de direito, como, por exemplo, o direito do proprietário de reivindicar seus bens das mãos do possuidor que os detenha e o direito do credor de vender como escravo o devedor insolvente, são regras que tiveram de ser conquistadas depois de renhida luta, até conseguirem aceitação geral e incontestada.

Deixando de lado a época primitiva, julgamos suficientes os dados que os documentos da era histórica revelaram sobre o nascimento do direito. Segundo esses dados, o nascimento do direito, assim como o nascimento do homem, é sempre acompanhado das violentas dores do parto.

Devemos lamentar que assim seja!

Precisamente pela circunstância de que o direito não chega aos povos por sorteio e sem esforço é que estes têm de combater, pelejar, lutar e verter o próprio sangue para conquistá-lo. E isto faz com que entre eles e o respectivo direito se forme o mesmo laço íntimo que liga o filho à mãe, a qual arriscou a própria vida para que o filho nascesse. O mesmo acontece com o povo que conquistou seu direito e suas instituições à custa de luta sangrenta.

Dir-se-ia, sobre o direito obtido sem esforço, o mesmo que se diz sobre os filhos trazidos pela cegonha: a raposa e o abutre podem arrebatá-los, mas quem arrancará o filho dos braços da mãe que o gerou? Processo idêntico se passa com o povo que conquistou seu direito e suas instituições à custa de lutas sangrentas.

Podemos, assim, afirmar, sem receio, que o amor que um povo dedica a seu direito, o qual defende com energia, é determinado pela intensidade do esforço e da luta que esse bem lhe custou. Os laços mais fortes entre um povo e seu respectivo direito não se formam pelo hábito, mas pelo sacrifício.

Quando Deus quer a prosperidade de um povo, não o presenteia com as coisas de que ele necessita, nem sequer lhe facilita o trabalho para obtê-lo, mas torna-lhe a vida mais penosa.

Não hesito, portanto, em afirmar que a luta indispensável ao nascimento de um direito não é um castigo, mas uma graça.

Capítulo II

A luta pelo direito subjetivo ou concreto, do qual agora vou tratar, tem como causa a lesão ou subtração desse direito.

Nenhum direito, quer o do indivíduo, quer o dos povos, está livre desse risco, porque ao interesse do titular do direito em defendê-lo sempre se contrapõe, na sua esfera, o interesse de outrem em desrespeitá-lo, do que decorre que a luta se repete em todas as esferas do direito, tanto nas regiões inferiores do direito privado como nas alturas do direito público e do direito das gentes.

A defesa do direito das gentes, quando violado por guerra, a resistência de um povo, sob forma de motim, de revolta, de revolução contra os atos arbitrários e as violações da Constituição, por parte do poder estatal, o exercício turbulento do direito privado, por meio da denominada lei de Lynch,[1*] a vingança privada da Idade Média e seu último remanescente nos tempos modernos, o duelo, a legítima defesa própria, que a lei admite, e, por fim, a regular efetivação do direito, através do processo civil, todos esses modos de defesa, não obstante a diversidade do objeto do litígio, das formas e das dimensões da luta, nada mais são do que formas e cenas da mesma, de uma luta pelo direito.

---

1. Do nome do magistrado americano William Lynch (1736-1796), juiz do Tribunal de Justiça da Virgínia, que permitia a prática da morte do condenado, mediante o *linchamento* pela multidão. N. dos T.

Quando escolhi, dentre todas estas formas, a mais singela, isto é, a luta legal pelo direito privado, sob a forma de processo, não foi porque, como jurista, me despertasse maior interesse, mas porque, neste assunto, maior é a probabilidade de interpretar o verdadeiro estado da questão, quer pelo jurista, quer pelo leigo.

Em todas as demais hipóteses, isto ocorre com frequência e, com clareza total, o objeto é o mesmo. A mais inculta das mentes compreende que o valor dos bens em questão é tão grande que justifica os maiores sacrifícios e, então, ninguém indagará: por que lutar, por que não ceder antes? Mas, em qualquer luta pelo direito privado, as coisas se passam de modo bastante diverso.

A relativa futilidade dos interesses em jogo, o problema do meu e do teu, que sempre aparece nesses litígios e o traço prosáico que sempre caracterizaram tais lutas, deslocam a questão, tão só, para o campo do interesse das concepções materialistas da vida.

As formas pelas quais se processa o litígio e o aspecto mecânico desse mesmo litígio, que exclui qualquer manifestação livre e firme da pessoa, não contribuem, de modo algum, para diminuir tal impressão desfavorável.

Houve época em que, para esse tipo de confronto, a luta envolvia a própria pessoa, circunstância que servia para realçar seu verdadeiro significado.

No tempo em que as questões do meu e do teu eram decididas na ponta da espada, quando o cavaleiro da Idade Média enviava um cartel de desafio ao adversário, talvez fosse imposta à pessoa não interessada no litígio a ideia de que a luta não se travava apenas pelo valor da coisa, para evitar um prejuízo em dinheiro, porque, ao lutarem, os adversários empenhavam e defendiam a própria pessoa, o direito e a honra.

Não há, todavia, necessidade de recordarmos situações desaparecidas há muito tempo para explicar o significado daquilo que hoje, embora diferente na forma, continua, porém, no fundo, a ser o mesmo que fora antes.

Uma vista de olhos sobre nossa vida atual e um pouco de auto-observação psicológica levar-nos-ão ao mesmo resultado.

Com a violação do direito, a parte prejudicada fica diante da seguinte situação: deverá defendê-lo, resistir ao agressor, ou, em outras palavras, deverá lutar? Ou deverá relegar o direito, para fugir da luta?

A resposta a essa pergunta só a ele cabe. A decisão, seja qual for, envolve sempre sacrifícios. Numa hipótese, o direito é sacrificado, em prol da paz e, em outra, a paz é sacrificada em prol do direito.

Nesta altura, a indagação reveste-se de novo aspecto. Diante do caso concreto e da pessoa interessada, qual será o sacrifício mais suportável? Poderá o rico, em juízo, desistir da cobrança para garantir a paz, deixando de cobrar a quantia devida, se a considerar pequena? Para o pobre, entretanto, a mesma quantia poderá ser relativamente alta. E, por isso, para não pagar, preferirá sacrificar sua paz.

Reduzir-se-ia, assim, a pura operação matemática, o problema da luta pelo direito, na qual se colocariam, em confronto, as vantagens e desvantagens de cada hipótese, para chegar-se a um resultado.

Todos sabem que, na vida real, nada acontece desse modo. A experiência diária, nos litígios, mostra processos em que o valor do objeto em discussão é bastante desproporcional à quantidade de energia despendida, além das emoções e custas.

Quem quer que tenha deixado cair um "thaler"[2] na água, jamais gastará dois para retirá-lo. Para esse litigante, o problema de saber quanto gastará, nesse afã, é mero cálculo aritmético.

Por que não se procederá do mesmo modo a respeito de um processo? Nem se diga que, contando ganhar a causa, o litigante espera ressarcir-se com o pagamento das custas pelo adversário.

Todo jurista sabe que, às vezes, nem o fato de estar a parte bem ciente de que pagará alto preço, mesmo se ganhar, irá convencê-la a não se arriscar a um processo. Inúmeras vezes, o advogado, ao alertar seu cliente sobre ângulos desfavoráveis da questão, tentando dissuadi-la de ingressar em juízo, ouvirá do cliente a resposta de que está positivamente decidida a processar o adversário, pouco lhe importando as despesas.

Como explicar essa conduta, totalmente absurda, do ponto de vista de interesses objetivamente ponderados?

A resposta que comumente se ouve é a de que estamos diante do mais clamoroso tipo de emulação, de obstinada teimosia e de discórdia, de tendência em descarregar o ódio sobre o adversário, mesmo sabendo, de antemão, que pagará preço bem alto, mais alto do que o pago pela parte contrária.

Deixemos de lado, por um momento, o litígio entre dois particulares e observemos o que se passa entre dois povos.

Suponhamos que um dos povos tenha tomado, injustamente, de outro, uma milha quadrada de terra sem valor; deverá este último povo começar uma guerra? Retomemos a pergunta, no mesmo ponto de partida em que a teoria do processo o coloca, na hipótese do camponês cujo vizinho arou alguns pés de seu cam-

2. "Thaler", nome de antiga moeda prussiana de prata. N. dos T.

po, ou tenha atirado pedras em sua plantação. Que é uma simples milha quadrada de terra inculta diante de uma guerra, que ceifa milhares de vidas, semeando a tristeza e a miséria, tanto nas choupanas como nos palácios, devorando milhões e milhões do Erário, ameaçando talvez a própria existência do Estado?

Seria tolice fazer tão grandes sacrifícios pelo preço de uma luta audaciosa.

No entanto, esta seria a decisão tomada, se fôssemos aplicar o mesmo raciocínio ao camponês e aos povos, mas, na verdade, ninguém dará ao povo o mesmo conselho que daria ao camponês.

Todos sabem que o povo que se calasse ante tal lesão a seu direito estaria sancionando a própria sentença de morte.

O povo que não reage, quando o vizinho lhe furta uma milha quadrada de terra, verá que, em breve, toda a terra lhe será arrebatada e, assim, quando nada mais tiver a perder, terá deixado de existir como Estado – e um tal povo não merece mesmo melhor destino.

Entretanto, se um povo deve defender-se por causa de uma milha quadrada de sua terra, por que razão o camponês não deveria defender-se, do mesmo modo, por uma faixa de seu terreno? Ou deveremos responder com o adágio *quod licet Jovi, non licet bovi*[3]?

Do mesmo modo que o povo, o qual, espontaneamente, não luta por sua milha quadrada, mas pela própria existência, honra e independência, o litigante que recorre ao processo para defender-se contra a ofensa a seu direito não tem em mira o mero objeto da lide, mas sim um objeto ideal, a defesa de sua própria pessoa e do sentimento de justiça.

---

3. O que é permitido a Júpiter não é permitido ao boi.

Diante desse fim, os sacrifícios e aborrecimentos decorrentes do processo perdem todo o significado para o titular do direito: o fim justifica os meios.

Não se trata de mero interesse monetário, mas da dor moral da injustiça sofrida, que leva o prejudicado a mover a ação. O que ele tem em mente não é apenas recuperar o objeto do litígio.

Talvez, como muitas vezes acontece, ele pode, antecipadamente, tê-lo até destinado a alguma instituição de caridade, para ressaltar a verdadeira razão do processo. O que pretende é fazer valer seu direito.

Uma voz interior lhe diz que não pode recuar, que para ele não está em jogo o objeto, aliás sem valor, mas a sua personalidade, honra, sentido de justiça, amor próprio, ou, em resumo, o processo deixa de ser mera questão de interesse para transformar-se em questão de caráter, pois está em jogo a afirmação ou a renúncia da sua própria personalidade.

A experiência revela-nos, contudo, que pessoas existem que, em casos semelhantes a este, tomam atitude totalmente oposta, dando preferência à paz, ao invés do direito, cuja obtenção exigiria muito sacrifício.

Como devemos julgar tais pessoas? Deveremos dizer que se trata apenas de uma questão de gosto e de temperamento?

Poder-se-ia dizer por acaso que um é batalhador, o outro pacífico, mas do ângulo jurídico ambos os modos de pensar podem justificar-se igualmente, porque o direito objetivo dá a cada um a liberdade de fazer valer seu direito ou de abandoná-lo.

Segundo penso, este modo de ver é encontrado com frequência, na experiência diária, mas é bastante condenável e contrário à própria natureza do direito.

Se essa posição fosse aceita por todos, tal fato representaria a morte do direito, porque, se o direito só se puder impor mediante resistência férrea contra a injustiça, essa concepção reconhece a capitulação covarde da justiça.

Eu costumo contrapor a esta colocação uma afirmativa: a resistência contra a lesão ao nosso direito, que ofenda a nossa personalidade, ou seja, contra a violação do direito que assuma o caráter de desprezo consciente desse mesmo direito, de uma ofensa pessoal, constitui um dever, dever do interessado para consigo mesmo, pois representa um imperativo de autodefesa moral, dever para com a sociedade, porque somente mediante tal resistência é que o direito se realiza.

Capítulo III

A luta pelo direito é um dever do titular interessado para consigo mesmo.

A conservação da própria existência é a lei suprema de todo o Universo; na busca da autopreservação, ela está em todas as criaturas.

Mas, para o homem, não se trata apenas da vida física, mas também de sua existência moral, cuja necessidade é a conservação do direito.

O ser humano, através do direito, possui e defende sua existência moral – sem direito, ele se rebaixaria até os animais,[1] como já faziam os romanos, que, do ponto de vista do direito abstrato, nivelavam os escravos aos irracionais.

Defender o direito é, pois, dever moral de autopreservação, tarefa completa, embora hoje em dia impossível. Outrora, era verdadeiro suicídio moral.

O direito, porém, nada mais é do que a soma de seus institutos, pressupondo todos uma condição única, física ou moral, que lhe condiciona a existência.[2]

---

1. No romance *Michael Kohlhaas*, de Heinrich von Kleist, ao qual ainda voltarei mais tarde, assim fala o poeta: *É preferível ser um cão do que um homem pisoteado.*
2. A prova disso é encontrada em minha obra *A finalidade do direito*, vol. I, 2.ª ed., p. 434. De acordo com essa ideia, defini o direito como a garantia das condições de vida da sociedade, realizado continuamente pelo poder público, mediante força.

Isso acontece com a propriedade e o casamento, com o contrato e a honra. A renúncia a uma dessas condições é tão impossível quanto a renúncia do direito, globalmente, mas é concebível o ataque de um terceiro a uma dessas condições e, neste caso, particularmente. Aliás, a oportunidade da aludida defesa aparece com o ato de arbítrio que se dirige contra as condições de existência do direito.

Nem toda injustiça, porém, configura o arbítrio, ou seja, a revolta contra a ideia do direito.

Aquele que entra na posse de um objeto que me pertence e se julga proprietário desse objeto, não contesta, diante de mim, a ideia de propriedade, mas invoca essa ideia em seu benefício.

Toda a disputa, entre nós, gira, tão só, em torno do problema de saber quem é o proprietário, mas o ladrão e o assaltante colocam-se do lado de fora da propriedade, contestando simultaneamente, com a minha propriedade, a própria ideia de propriedade e, com isso, uma condição básica de existência da minha pessoa.

Generalizando-se esse modo de pensar e agir, teremos abolido a propriedade, na teoria e na prática.

Nestas condições, toda agressão atingirá não só o que é meu, o patrimônio, como também minha pessoa, e, se eu tenho o dever de defender minha pessoa, esse dever atinge também as condições sem as quais minha pessoa não poderá existir.

Ao defender o que é seu, o agredido acaba por defender a si mesmo, a sua personalidade. Apenas o choque entre o dever de defender a propriedade e o dever mais elevado de defender a vida (choque que ocorre, quando o bandido coloca o assaltado diante do dilema de escolher entre a bolsa ou a vida) poderia justificar a renúncia à propriedade.

Fazendo abstração dessa hipótese, é dever de todo homem, para consigo mesmo, o de repelir, por todos os meios de que dispuser, toda agressão ao seu direito, na qual esteja envolvida sua pessoa, pois, mantendo-se passivo diante do ataque, estará aceitando, ao menos por um momento, a ausência do direito em sua vida. Ninguém, na verdade, concorrerá para que isso ocorra.

Totalmente diferente, porém, é a situação do proprietário diante do possuidor de boa-fé, pois, neste caso, a decisão, que será escolhida, não põe em risco o sentimento de justiça, a índole e a personalidade do proprietário. Eis-nos diante de simples questão de choque de interesses, estando em jogo, tão só, o valor do objeto questionado.

Assim, entende-se plenamente que, quando alguém pensa se deverá ou não entrar em juízo, ou se deve transigir,[3] pense, antes, no que ganhará e no que gastará, e, também, na incerteza sobre o resultado da demanda.

---

3. Proteger-me-á este trecho contra a pecha de defender, a todo custo, a luta pelo direito, sem levar em conta a natureza do litígio pelo qual a luta é provocada. Defendi a luta pelo direito sob a forma de autoafirmação da personalidade e com isto fiz dessa defesa ponto de honra e obrigação moral, apenas na hipótese em que a própria pessoa é pisoteada, junto a seu direito. Se alguém me atribui a absurda opinião de que a luta e a discórdia são coisas belas, e que a teimosia e a vontade obstinada de demandar devem ser consideradas como qualidades, essa pessoa finge que não entende a distinção que fiz em palavras tão claras. Explico essa conduta como um tipo de deslealdade, forma de torcer uma ideia difícil de refutar, ou, então, tanto se distancia da leitura da obra, que leva o leitor, no fim, a não se recordar do que leu no começo, tendo, para o demandante, o mesmo aspecto da hipótese anterior: a parte vê uma clara agressão consciente a seu direito.

Nesse caso, a composição dos litigantes, ponto de encontro de um cálculo de probabilidades, será não só uma solução plausível, mas a melhor das soluções possíveis. Se, muitas vezes, é difícil chegar a um acordo, apesar de todo o empenho, se os demandantes quase sempre se recusam a fazer qualquer composição, quando, em juízo, estão com seus advogados, diante do magistrado, tal conduta é consequência não só de que cada uma das partes está certa de vencer o pleito, como também da certeza de que a parte contrária está agindo de má-fé e que pretenda, intencionalmente, cometer uma injustiça.

Embora no estrito campo processual a questão se apresente nos limites da mera violação objetiva do direito (*reivindicatio*), sob o aspecto psicológico ela representa, para as partes, os mesmo aspectos do caso antes analisado: cada parte vê, diante de si, uma lesão intencional a seu direito.

Assim, do ângulo do respectivo sujeito do direito, a veemência com que ele repele a agressão a seu direito é idêntica ao impulso (e base moral) da pessoa que se defende de assalto.

Seria, pois, erro psicológico se, para convencer a parte a sair do processo, apontássemos para as custas e as consequências decorrentes do litígio, com a incerteza da vitória, porque não é o mero interesse, mas o sentimento de justiça lesado, que está em jogo.

O único ponto sobre o qual podemos insistir é o da suposição de que a parte contrária agiu de má-fé, o que determinava a teimosia da parte, mas, se conseguirmos convencê-la do contrário, atingiremos o cerne da resistência e, nesse caso, o demandante ficará permeável a examinar a questão do ângulo do interesse e, nesse caso, aceitará o acordo.

O advogado militante conhece a férrea resistência que os preconceitos da parte costumam opor a qualquer iniciativa a respeito.

Tal irredutibilidade psicológica, ou desconfiança teimosa, constitui, sem a menor sombra de dúvida, traço inerente ao homem e, quanto a este ponto, dificilmente se encontrará alguém que não esteja de acordo, pois deriva dos traços individuais do caráter, mas em grau de cultura ou do tipo de trabalho exercido pelos demandantes.

Essa desconfiança é mais difícil de ser vencida quando se trata do camponês. O chamado espírito de competição, de que o camponês costuma ser acusado, é a resultante de dois traços que lhe são inerentes, a saber, forte sentimento de propriedade, para não dizer, de ganância, e visível desconfiança.

Não há quem, como o camponês, cuide de seus interesses e guarde com tanto cuidado o que é dele. Por outro lado, como se sabe, não há ninguém que frequentemente arrisque tudo numa demanda.

Isso dá a impressão de incoerência, mas é bem explicável, na realidade, esse procedimento.

Precisamente o forte sentimento de propriedade é que torna mais aguda a dor resultante da lesão a esse bem e, por esse motivo, a reação é mais violenta.

O sentido de competitividade do camponês é o próprio sentimento de propriedade, misturado à desconfiança, fenômeno semelhante ao do ciúme, e, como este, voltando-se contra si mesmo, acaba destruindo aquilo que pretende proteger.

No antigo direito romano, há uma confirmação irrefutável do que acabamos de dizer. Em Roma, a desconfiança do camponês, que sempre via nos conflitos jurídicos uma intenção maldosa, acabou cristalizando-se em verdadeiras leis.

Em toda demanda, mesmo quando as duas partes estão de boa-fé, a que perde é punida pela resistência que ofereceu ao direito do oponente. O sentimento de justiça ofendido não se contenta com a mera restauração do direito violado.

Se o direito fosse elaborado pelo camponês de hoje, possivelmente seria exatamente igual ao do camponês da antiga Roma, mas, já nesta, a desconfiança, no campo jurídico, foi superada pela cultura, mediante a distinção entre dois modos de violação do direito, a lesão culposa e a inocente, ou a subjetiva e a objetiva. A *ingênua injustiça*, ou cândida injustiça, na linguagem de Hegel, é consciente, quando, na realidade, o exame objetivo da infração levaria o intérprete a desclassificar o caso como simples lesão ao direito objetivo.

A distinção entre as injustiças subjetiva e objetiva é, do ponto de vista legislativo e científico, de uma extraordinária importância. Exprime o modo pelo qual o direito considera a questão, sob o ângulo da justiça e a diferente medida que o direito aplica às consequências da injustiça, segundo a natureza desta.

Para a concepção do indivíduo, ao contrário, esta distinção tem importância secundária e nem sempre fixa o modo pelo qual o sentimento de justiça, que não caminha conforme as ideias abstratas do sistema, reage a qualquer agressão de que seja vítima.

Embora o conflito, segundo a lei, se refira a simples lesão objetiva, as circunstâncias do caso concreto podem ser de tal modo que o interessado tenha razão de partir da suposição de uma intenção maldosa, de uma justiça inconsciente, por parte do adversário e esta apreciação decidirá corretamente sobre sua atitude, diante deste último.

Terá, nesse caso, razão para adotar um comportamento futuro, baseado em sua experiência?

Se o herdeiro de pessoa que me deve (mutuário) ignorar a existência da dívida e pretender que eu prove o fato para pagar-

-me, o direito confere-me uma *condictio ex mutuo*, que poderei empregar contra esse herdeiro devedor, que, cinicamente, quer negar o empréstimo ou se recusa a restituí-lo, infundadamente, o que me leva a julgar a conduta de um e outro, diversamente, e de orientar-me segundo essa condição.

Nesse caso, eu coloco o herdeiro do devedor no mesmo plano que o de um ladrão, já que procura, conscientemente, privar-me do que é meu, carregando consigo a injustiça que se volta contra o direito. Por sua vez, o herdeiro do devedor equivaleria ao possuidor de boa-fé, em relação ao que me pertence, pois, por um lado, aceita a regra de que o devedor é obrigado a pagar, e, por outro lado, põe em dúvida o fato de que sou o credor e ele, o devedor.

Aplica-se-lhe, pois, tudo o que eu disse a respeito do possuidor de boa fé.

Assim, posso, sem dúvida, fazer com ele um acordo, ou então, deixar de mover-lhe uma ação, se não estiver certo de que a decisão será a meu favor, mas frente ao devedor que pretende espoliar-me do meu justo direito, que conta com o horror que tenho do processo, com meu comodismo, inércia e fraqueza, é indispensável que eu faça valer o meu direito, seja a que custo for, pois, se não agir assim, não apenas abandono o meu direito, como nego integralmente o direito.

Isso que acabo de dizer suscitará, sem dúvida, uma objeção. Indagar-se-á: que entende o povo sobre o direito de propriedade? Ou sobre o direito das obrigações, como requisito moral da pessoa? Sabê-lo-á? De modo algum, talvez, mas cumpre indagar se não sente todas essas coisas.

Afinal, que sabe o povo sobre rins, pulmões e fígado, como requisitos da vida física? No entanto, qualquer pessoa sente dores no pulmão, nos rins e no fígado, compreendendo os avisos que esses sintomas representam.

Dor física é sinal de perturbação no organismo, é presença de causa que lhe é hostil; adverte-nos do perigo e, pelo sofrimento que nos causa, alerta-nos para a necessidade de sermos previdentes.

Isso sucede exatamente com a dor moral, causada pela ofensa e pela consciente agressão ao nosso direito. De intensidade diversa, analogamente à dor física, conforme a diferença da sensibilidade subjetiva, e à forma e ao objeto da lesão ao direito, aspectos dos quais adiante nos ocuparemos, este sofrimento se nos apresenta como dor moral, no homem que ainda não perdeu, de todo, a sensibilidade, ou seja, que não está acostumado aos períodos de ilegalidade ou de ausência do direito. E, assim como a dor física faz ao homem uma advertência, não para que ele tome a providência necessária e imediata para que cesse a dor, mas para que, a longo prazo, se acautele para conservar a saúde, que seria afetada no caso de entrega passiva à dor. No primeiro caso, a advertência lembra o dever da autoconservação física, no segundo, o da autoconservação moral.

Examinemos, agora, um exemplo isento de dúvidas, como o de ofensa à honra, numa corporação em que o sentimento de honra atinge altíssimo grau de sensibilidade – a dos militares de maior hierarquia. O oficial que não reage diante de ofensa à sua honra incompatibiliza-se com toda a corporação a que pertence e não mais pode ocupar seu cargo, pela simples razão de que a defesa da honra é dever máximo de todos.

Por que razão, para o oficial, o cumprimento desse dever é levado a tal ponto? Porque, certamente, ele sente, e com razão, que a corajosa reafirmação da personalidade é, no caso dele, precisamente, condição indispensável e pertinente a esse *status*, e que uma corporação, como a militar, que, por sua natureza, deve ser a afirmação da coragem pessoal, não poderá, de modo algum, admitir a covardia de um de seus membros, sem se aviltar.[4]

Observemos, porém, o camponês. Este homem, que defende a ferro e fogo sua propriedade, demonstra insensibilidade total no que se refere à honra. Como se explica isto? Por suas condições peculiares de vida, pois a profissão do camponês não exige bravura, mas trabalho, e é este que ele defende na propriedade.

Trabalho e propriedade constituem a honra do camponês. O camponês indolente, que não cuida da propriedade ou que dissipa os bens, é tão desprezado pelos outros camponeses quanto o militar que não defende a honra.

Por outro lado, nenhum camponês despreza um igual, por não ter iniciado uma brigas ou movido uma ação, quando ofendido, o mesmo ocorrendo com o militar, que não é depreciado pelos colegas pelo fato de ser mau administrador.

Para o camponês, o cultivo da terra e a criação de gado constituem a razão de ser de sua existência e, assim, quando o vizinho passa a arar uma porção de suas terras ou quando o comprador de gado deixa de pagar-lhe o preço do boi vendido, inicia ele, como pode, um processo, conduzido por veemente paixão, lutando analogamente ao oficial ofendido na honra, que, espada em punho, defende seu direito.

Ambos, sem medir as consequências de seus atos, sacrificam-se sem reservas e, na verdade, não poderiam agir de outro modo, pois agem em obediência à lei da autopreservação moral.

---

4. Essa ideia foi exposta com mais desenvolvimento em meu livro *A finalidade do direito*, vol. II, p. 302.

Coloquemos o oficial e o camponês sentados na sala do júri e deixemos que o primeiro julgue um caso de delito contra a propriedade e o segundo, um delito contra a honra e, depois, façam o inverso. Ver-se-á a diversidade desses julgamentos.

Sabe-se que não há juízes mais severos do que os camponeses para julgar crimes contra a propriedade, e embora eu não tenha nenhuma experiência em julgamentos de casos dessa natureza, apostaria que, num suposto caso, aliás raro, em que um camponês apresentasse contra alguém uma queixa de ofensa à honra, o juiz teria muito mais facilidade de levá-lo à conciliação do que se esse camponês estivesse envolvido em questão do meu e do teu.

O camponês da Roma antiga, no caso de uma bofetada, aceitava receber a multa de 25 asses do agressor, e, se alguém lhe vazasse um olho, era permeável à conciliação, ao invés de recorrer ao "olho por olho", conforme a lei da época.

Em compensação, reclamava, em juízo, o direito de tornar seu escravo o ladrão que prendera em flagrante e até matá-lo, se resistisse, o que a lei lhe consentia.

No primeiro exemplo, tratava-se de seu corpo e honra, no segundo, de seus bens, seu patrimônio.

Mencionemos, em terceiro lugar, a situação do comerciante.

Aquilo que para o oficial é a honra, para o camponês é a propriedade, para o comerciante é o crédito.

A conservação do crédito, para o comerciante, é questão vital, e, assim, se alguém o acusar de negligência no cumprimento das obrigações, atinge-o mais sensivelmente do que aquele que o ofende pessoalmente ou lhe furta alguma coisa.

Esse é o motivo pelo qual os mais novos códigos se orientam por essa situação toda especial do comerciante, fazendo restrições cada vez maiores à sua pessoa e àqueles que se lhe assemelham, no caso das penas de falência culposa ou fraudulenta.

O objetivo de minha última afirmação não foi o de demonstrar apenas que o sentido de justiça apresenta graus diversos, conforme a classe social e a profissão consideradas, aquilatando a gravidade das lesões do direito somente sob a ótica de determinada classe, colocação que serviria meramente para ressaltar devidamente uma questão muito mais profunda, qual seja a de que aquele que defende seu direito defende princípios morais de sua vida.

Na realidade, nas três classes sociais que acabamos de mencionar, a do camponês, a do oficial e a do comerciante, manifesta-se a mais alta suscetibilidade quanto ao sentido de justiça, precisamente nas áreas que refletem as condições de existência de cada uma dessas classes, revelando que esse sentimento não é detectado, como qualquer outro fenômeno psíquico, apenas pelos traços pessoais de temperamento e de índole, mostrando-se, nele, também, um momento social, que é o sentimento da necessidade de um certo instituto jurídico para o *modus vivendi* de cada profissão.

Penso que a intensidade com que se manifesta o senso de justiça, diante de uma agressão, constitui índice preciso da importância que o direito em si e cada instituto jurídico adquirem para os fins de vida objetivados.

Esta afirmação, a meu ver, é uma verdade e tem aplicação geral, referindo-se não só ao direito público, como ao direito privado. A reação singular que as diversas profissões revelam, diante de uma ofensa a determinados institutos que lhes constituem a razão de ser da existência, repete-se nos Estados quanto a institutos que absorvem seus específicos princípios vitais.

No direito penal, por exemplo, observamos com clareza um escalonamento preciso dessas reações e, pois, da valoração que se dá a cada um de seus institutos.

As condições de existência, a que nos referimos, são responsáveis pelas desnorteantes variações encontradas nas leis penais dos diferentes países, em relação à leveza ou ao rigor das sanções.

Com maior rigor são punidos, pelos diversos Estados, os crimes que lhes contrariem os princípios fundamentais de vida, ao passo que, nos outros casos, é aplicada sanção muitíssimo mais leve.

Nos regimes teocráticos, a blasfêmia e a idolatria são delitos capitais, enquanto a desobediência de demarcações, entre duas propriedades, é simples contravenção, como no direito mosaico. No Estado agrícola, ao contrário, pena leve é aplicada a quem blasfema, julgando-se com maior rigor a invasão de terra alheia, como no direito romano antigo.

O Estado comerciante dá maior importância ao crime de moeda falsa e a outros tipos de falsidades, o Estado belicoso à insubordinação e à infração disciplinar, o Estado absolutista aos delitos de lesa-majestade, a república às tentativas de reimplantação da monarquia.

Essa exemplificação põe em relevo dois tipos de tratamentos para os crimes, um rigor muito acentuado, por um lado, que se choca, flagrantemente, por outro lado, com o modo brando pelo qual os outros delitos são punidos.

Em resumo, as condições peculiares da vida e das instituições de cada povo são determinantes das reações do sentimento de justiça dos Estados e das pessoas.[5]

---

5. Quem quer que esteja enfronhado nestes assuntos percebe que, acima, me aproveitei, apenas, de ideias, cuja formulação constitui mérito exclusivo de Montesquieu no livro *Sobre o espírito das leis*.

Se as condições pertinentes a uma dada profissão ou classe social podem atribuir relevância maior a determinado instituto, caso em que a lesão a esse instituto incrementará a reação do sentimento de justiça, as mesmas condições podem, igualmente, ocasionar menor importância, não só no que se refere a certos institutos, como também no tocante à suscetibilidade do sentimento de justiça ofendido.

A classe dos empregados não pode cultivar o sentimento de honra do mesmo modo que as outras camadas da sociedade.

A posição de trabalhador está sujeita a humilhações contra as quais o indivíduo se revolta, em vão, ao passo que a classe dominante as aceita.

O indivíduo que possui elevado sentimento de honra e que pertença a essa classe deverá reduzir suas ambições ao nível das de seus colegas de classe, ou, então, abandonar a profissão.

Só quando o sentimento de honra maior dentro da classe se generaliza é que o indivíduo isolado adquire o poder de não empregar seu esforço numa luta inglória, mas de utilizá-lo, juntamente com seus companheiros de trabalho, no sentido de elevar o grau da honra profissional. Não me refiro, aqui, apenas ao sentido subjetivo de honra, mas ao reconhecimento objetivo desse sentimento pelas outras classes sociais e pelo legislador.

Neste particular, a situação do operariado melhorou muitíssimo nestes últimos cinquenta anos.

Aplica-se também à propriedade o que eu disse sobre a honra. A suscetibilidade a respeito do direito de propriedade, a saber, o lídimo sentimento de propriedade (e, note-se, não me refiro à avidez do lucro, à perseguição ao dinheiro e à riqueza, mas ao sentimento viril do proprietário, cujo padrão mais característico delineei na pessoa do camponês, do dono que defende suas terras, não porque estas tenham valor, mas porque lhe pertencem), este lídimo sentimento de propriedade pode enfraquecer-se diante de fatores negativos.

O que tenho dito sobre a honra se aplicaria também à propriedade?, eis a pergunta que todos fazem.

O que me pertence é meu meio de vida, de trabalho, de prazer, mas, assim como não tenho nenhum dever de correr atrás do dinheiro, assim também nenhum dever moral me obriga a, por mera bagatela, ajuizar uma ação que custa nosso dinheiro, tempo e perturba o nosso conforto.

Meu interesse, tão só, é o motivo que me deverá impelir na defesa de meu patrimônio, interesse que me levou a adquiri-lo e a utilizá-lo. Ação e processo relativos a meus bens são meras questões de interesse.

Nessa concepção do direito de propriedade, vejo clara deturpação do instituto, porque só consigo ver a causa da propriedade na deformação das condições naturais da propriedade.

Nem na riqueza e nem no luxo vejo qualquer culpa, nem o menor atentado ao sentimento jurídico do povo, mas tão só no modo imoral de aquisição da propriedade.

No trabalho é que está a fonte histórica, assim como a justificação moral da propriedade e, note-se, não aludo apenas ao trabalho manual e braçal, mas também ao espiritual e artístico.

Reconheço ainda que o direito ao produto do trabalho não compete meramente ao trabalhador, mas também a seus herdeiros. Em outras palavras, o direito à herança, conforme entendo, é consequência direta do princípio do trabalho, já que o empregado não deve ser impedido de desfrutar, em vida, o resultado de seu trabalho, para transmiti-lo aos herdeiros. A propriedade forte e sadia só é mantida quando vinculada constantemente ao trabalho.

Junto a essa fonte que gera e renova sempre aquela vinculação, a propriedade surge até o cerne, em todo o seu esplendor cristalino, com todo o potencial que se apresenta para o homem.

Do mesmo modo que, descendo, a corrente líquida se afasta da nascente, e chega aos níveis mais baixos do lucro fácil e da aquisição grátis, assim também a água vai ficando mais turva, até perder os derradeiros traços de sua cristalina finalidade, na lama do jogo de bolsa e das fraudulentas operações de ações.

É evidente que, onde ficou diluído o pouco que restou da essência moral de propriedade, *ipso facto* não se poderá falar em dever de defesa desse instituto.

No coração do homem, que deve ganhar *o pão com o suor do seu rosto*, não resta mais nenhum resquício de compreensão quanto ao sentimento de propriedade.

Infelizmente, o estado de espírito e o modo de vida causados por esses fatos atingem classes sociais, as quais não lhes sofreriam a influência caso tivessem ficado impermeáveis a essas causas.[6]

A influência dos milhões ganhos nas bolsas chega até os humildes casebres. Aquele que, vivendo em outro meio, sentiria, mediante sua experiência, as bênçãos advindas do trabalho, passa a amaldiçoá-lo, sob a pressão aflitiva desse ambiente.

O comunismo, desconhecido nas fontes da propriedade, só consegue vicejar nos charcos, nos quais a ideia de propriedade enveredou por vias transversas.

---

6. Confirmação interessante desta colocação é encontrada nas pequenas cidades universitárias alemãs, habitadas por estudantes, cujos procedimentos e hábitos, no que se refere ao modo de gastar dinheiro, involuntariamente contagiam o resto da população.

A afirmação de que o conceito de propriedade das classes dominantes não se restringe a estas, mas se espalha pelas demais classes sociais, é confirmada pela vida do campo, não obstante em sentido radicalmente diverso.

Quem passa a viver no campo e estabelece vínculos com os camponeses, adquire aos poucos algo do sentimento de propriedade e dos hábitos de economizar, mesmo que sua situação econômica e sua tipologia sejam infensos a tais inclinações.

Por outro lado, o homem comum, inalterados os demais fatores, torna-se, no campo, parcimonioso como os camponeses e pródigo como os milionários, se passar a viver numa metrópole, como Viena.

Não interessa a razão dessa fraqueza de ânimo que, por amor ao comodismo, evita a luta pelo direito, quando o valor do objeto do litígio não se apresente como estímulo à resistência, importando, mais, reconhecer esta razão e descrevê-la.

A filosofia prática de vida, que adota, não passa de uma política da covardia. O covarde, que foge da luta, salva a vida que os demais sacrificam, mas salva a vida, sacrificando a honra.

O fato de outros lutarem põe-no a salvo, bem como a comunidade, das consequências que aquele covarde modo de agir sem dúvida acarretam.

Se todos agissem como ele, todos estariam perdidos.

Aplica-se o mesmo raciocínio, quando se abandona o direito covardemente. Esse absurdo, feito por um só, não produz dano, mas, se adotado como princípio geral, representaria o soçobro do direito.

A aparente inofensividade dessa conduta revela-se porque ela não atinge, em grandes proporções, a luta do direito contra a injustiça. Tal luta não depende apenas da vontade de cada pessoa.

No Estado progressista, o governo empenha-se nessa luta de modo extraordinário, punindo *sponte sua* as infrações mais graves ao direito de cada um, quer quanto à vida, quer quanto à pessoa, quer quanto ao patrimônio.

A polícia e o juiz do crime muito auxiliam o titular do direito lesado, mas mesmo no caso das lesões de direitos, cuja defesa cabe, tão só, ao indivíduo, a luta sempre continua, porque nem todos adotam a conduta do covarde e, aliás, mesmo este fica ao lado dos que lutam, quando o valor do objeto do litígio supera, de muito, o preço do comodismo.

Pensemos, entretanto, no caso em que o sujeito do direito não conta nem com a polícia, nem com o juiz criminal, lembrando, por exemplo, da Roma antiga, em que a perseguição do ladrão cabia à vítima.

Até que extremos nos conduziria o abandono do direito, em tais circunstâncias, se, nesses casos, tal conduta animasse os ladrões e assaltantes?

Aplica-se o mesmo raciocínio à vida dos povos.

Cada povo só conta consigo mesmo, não havendo poder mais alto que se encarregue de defender-lhe o direito.

Lembro-me apenas do exemplo, que dei antes, da milha quadrada de terreno, para demonstrar o que significa, na vida de um povo, a ideia que pretende medir, pelo valor do próprio objeto, o *quantum* de resistência que deve ser dirigido à agressão ao direito.

Uma máxima que, ao ser aplicada, se revele inadequada, por levar ao desfazimento e à morte do direito, não deverá ser considerada adequada, quando, por acaso, seus efeitos nocivos sejam compensados por circunstâncias benéficas.

Explicarei mais adiante o efeito nocivo que ocorre, mesmo em casos relativamente favoráveis.

Não adotemos, pois, essa moral do comodismo, que nem os povos, nem os indivíduos aceitaram, já que tal conduta revela um fraco e doentio sentimento de justiça, o que nada mais é do que o reflexo do mais absurdo tipo de materialismo, na esfera jurídica. *Mutatis mutandis*, até o materialismo poderia ser aplicado neste campo.

A aquisição de um direito e sua consequente utilização e defesa, nas hipóteses de violações indiscutivelmente objetivas, não passam de meros interesses, já que o interesse constitui o cerne prático do direito subjetivo.[7]

Quando, todavia, nos deparamos com a arbitrariedade, que ergue a mão contra o direito com questões de interesse, perde toda a razão de ser, pois o golpe dado no direito pelo arbítrio atinge-o em cheio, como atinge também a própria pessoa.

Não importa qual seja o objeto do direito.

Se esse objeto tivesse sido conduzido para o rol de meus direitos, desse rol poderia ser retirado sem lesão à minha pessoa.

Ocorre que é a minha vontade, tão só, e não o acaso, que forma o vínculo jurídico entre a minha pessoa e o objeto do direito, e isso como consequência de provocação anterior, de iniciativa minha ou de terceiro. É uma porção da tradição de trabalho, meu ou de outrem, que é meu e que defendo.

Ao torná-lo meu, nele imprimi o selo de minha personalidade e, daqui por diante, quem o combate, atira-se contra a minha pessoa, sendo que a lesão que lhe é infringida me atinge, pois faço

---

7. Explanação mais desenvolvida deste pensamento pode ser lida em meu livro *O espírito do direito romano*, vol. III, § 60.

parte desse objeto no qual se integra aquela mencionada tradição do trabalho.

Nada mais é a propriedade do que a parte epidérmica da pessoa, integrada no terreno material.

A relação entre *direito* e *pessoa* confere a todos os direitos, seja qual lhes for a natureza, um incomensurável valor que, contrapondo-se ao valor material, que possa ter sob a ótica do interesse, eu denomino de *valor ideal* e é deste que decorre o devotamento e a energia na defesa do direito, que há pouco mencionei.

Esta concepção ideal do direito não é apanágio dos espíritos superiores, pois a aceita não só o mais simples dos homens, como o mais culto, o rico e o pobre, o mais primitivo dos selvagens, como os mais civilizados países.

Precisamente este característico é que nos mostra quanto esse tipo de idealismo encontra base na própria essência do direito, refletindo o estado de saúde do sentimento de justiça.

O mesmo direito, que parece atirar o homem no submundo do cálculo material e do egoísmo, é quem o alça ao cume do ideal, para onde ele relega a astúcia e o espírito interesseiro, assim como o parâmetro utilitarista, em relação ao qual costuma aferir tudo, para dedicar-se pura e totalmente à mesma ideia.

Prosa no campo material, o direito, quando atinge a esfera da personalidade, se metamorfoseia em pura poesia, em verdadeira luta pelo direito, no sentido da preservação da personalidade.

A luta pelo direito é a poesia do caráter!

Qual a razão de ser desse milagre? Não é o conhecimento, nem a cultura, mas apenas o sentimento da dor.

A dor é o grito de angústia e o pedido de auxílio da natureza combalida, o que tanto se aplica à parte física, como também à parte moral do organismo humano.

O que a patologia do corpo humano representa para o médico, a patologia do sentimento de justiça representa para o jurista e para o filósofo do direito, ou melhor, deveria representar, pois não seria certo sustentarmos que já representa. Aqui reside todo o segredo do direito.

É a dor que contém, em si, a matéria prima do direito. A dor, que a lesão do direito produz no homem, traz, em seu interior, a autoconfissão forçada e intuitiva do que o direito representa, não só para o indivíduo, como para a sociedade, este momento especial que traz, sob o aspecto da reação psicológica do sentimento humano, mais forte revelação do sentido e da essência do direito, do que a que decorre de anos contínuos de pleno gozo dos direitos subjetivos.

Mesmo que conheça perfeitamente todo o *Corpus Juris Civilis*, não percebeu ainda o que é o direito o indivíduo que nunca sentiu essa dor na própria carne ou na pele de outra pessoa.

Só a sensibilidade e não o raciocínio é que pode transmitir-nos essa compreensão e é por esse motivo que o sentimento de justiça é apontado, e com razão, como a fonte psicológica fundamental de todo direito.

Claro que o povo desconhece a consciência do direito, a convicção jurídica, verdadeiras abstrações.

A força do direito reside no sentimento, assim como a força do amor, mas quando o sentimento está ausente, impossível substituí-lo pelo conhecimento e pela inteligência.

O amor, às vezes, não se conhece a si mesmo, mas basta um momento para revelá-lo em toda sua pujança. O mesmo ocorre com o sentimento de justiça, que, ileso, não sabe, regra geral, o que contém de si, mas, lesado, provoca a dolorosa pergunta que o obriga a falar, a trazer a verdade à tona, em pleno dia, revelando-lhe a força.

Expliquei, mais acima, em que consiste esta verdade: direito é condição de vida moral da pessoa, representando sua defesa um imperativo de autoconservação moral.

Diante da lesão do direito, a forte reação do sentimento de justiça é a prova probatíssima de seu estado de saúde.

A sensibilidade, ou seja, a capacidade de sentir dor ante a lesão ao direito, e a reação, ou seja, a coragem determinada de repelir a agressão, são, a meus olhos, os dois critérios, segundo os quais se compreende a existência de um evidente sentimento de justiça.

O tema interessante e inesgotável da patologia do sentimento de justiça não comporta, nesta altura, maior explicação, mas peço vênia para fazer agora mais algumas observações.

Não é a mesma em todos os indivíduos a suscetibilidade do sentimento de justiça, que costuma enfraquecer-se ou fortalecer-se na proporção em que cada pessoa, classe ou povo, perceba a relevância do direito, não só do direito como um todo, mas determinado instituto jurídico, em especial.

Já tratei deste assunto, quando dissertei a respeito da propriedade e da honra, acrescentando agora o casamento, outra instituição jurídica.

Quantos pensamentos vêm à mente, quando observamos a ótica pela qual o adultério é visto pelos indivíduos, povos e legislações!

O segundo momento, que caracteriza o sentimento de justiça, a reação à agressão, constitui, apenas, um problema de caráter.

A reação de um homem ou de um povo diante de ofensa a seu direito constitui medida exata do caráter de um e outro.

Se divisamos no caráter a plena personalidade, que repousa em si e se sustenta a si mesma, o melhor índice para por essa personalidade à prova aparecerá, quando o ato ilícito lesar o direito e a própria pessoa.

O modo de reação, que surge, neste caso, pelo sentimento de justiça ofendido e pela personalidade lesada, reação que pode consistir em ato violento e apaixonado, oriundo do impacto psicológico ou de contínua resistência, não caracteriza jamais a reação e a força do sentimento de justiça.

É erro imperdoável atribuir a povo selvagem e inculto, no seio do qual o ato violento é a forma normal de reação, um sentimento de justiça maior do que a de um povo civilizado, no meio do qual o modo de reação é a contínua resistência. Os modos de reação dependem mais do temperamento do que da cultura.

A firmeza, a inflexibilidade e a persistência na defesa dos direitos valem mais do que a impulsividade, a violência e a paixão.

Lastimável seria se não fosse assim, pois do contrário esse fato mostraria que as pessoas e os povos iriam perdendo o senso de justiça, à medida que fossem adquirindo maior cultura. Um olhar para a História e para a vida diária desmentem cabalmente essa hipótese. Também não é fator decisivo o contraste existente entre a riqueza e a pobreza.

Embora sejam muito diversos os parâmetros valorativos, mediante os quais o rico e o pobre avaliam as coisas, esses, como já acentuamos, não são levados em conta, quando se trata de violação do direito, porque, nessa hipótese, não se trata somente do valor material do objeto, mas do valor ideal do direito, a força com que o senso de justiça incide sobre o patrimônio. Neste exemplo, a causa determinante é o caráter individual do senso de justiça e não o patrimônio.

Prova irrefutável disso está no povo inglês, pois a riqueza desse povo não influi, de nenhum modo, em seu senso de justiça. Do continente podemos observar a determinação com que esse povo se conduz em questões estritamente patrimoniais.

Basta lembrarmo-nos da típica figura do viajante inglês, cuja reação diante da trapaça que o hoteleiro ou o cocheiro lhe pretendam impingir é tão violenta que até parece estar naufragando o próprio direito da velha Albion e, se necessário for, para vingar-se, é capaz de adiar a viagem e passar vários dias no mesmo hotel, gastando dez vezes mais do que a quantia devida. Todos riem, mas não compreendem, embora fosse bom que compreendessem.

Na realidade, as poucas libras que o homem aqui defende envolvem toda a Inglaterra. Em seu país, não há quem não o compreenda, razão pela qual ninguém se aventurará a trapaceá-lo.

Examinemos, na mesma situação, um austríaco de *status* e fortuna semelhantes. O que faria ele?

Se eu levar em conta a experiência que adquiri neste particular, nem dez entre cem austríacos procederiam como o inglês, ao passo que os outros recuariam ante os aborrecimentos da luta, do escândalo causado, da falsa interpretação de sua atitude, interpretações que nem passam pela cabeça do inglês, na Inglaterra, mas que se conforma, quando está entre nós, ou seja, prefere pagar.

Ocorre, porém, que a libra a mais que o inglês se recusa a pagar e que o austríaco paga tem sentido bem mais profundo do que se pensa, pois contém, em si, algo da Inglaterra e da Áustria, séculos de desenvolvimento político e de vida social desses povos.[8]

Procurei, até aqui, explicar o primeiro dos dois juízos que formulei, ou seja, a luta pelo direito é dever do homem para consigo mesmo.

Passo, agora, a tratar do segundo juízo: a defesa do direito é dever do homem para com a sociedade.

Para demonstrar fundamentalmente esta afirmação, sou obrigado a rever, com maior profundidade, a relação entre o direito objetivo e o direito subjetivo. Em que consiste tal relação?

Creio reproduzir fielmente a ideia corrente, ao dizer que a mencionada relação reside no fato de que o direito objetivo é condição ou pressuposto do direito subjetivo. O direito con-

---

8. Esclareço que, neste particular, não se deve esquecer da conferência que pronunciei em Viena (cf. *Prefácio* desta tradução, p. 13, original escrito em 1872), onde o paralelo entre o inglês e o austríaco tinha razão de ser. Muita gente ficou chocada com a palestra e a interpretou mal (p. 16). Ao invés de entender que estas palavras me foram inspiradas pela mais profunda simpatia pelos nossos irmãos austríacos e pela vontade de contribuir dentro de minhas modestas possibilidades para reforçar, entre eles, o senso de justiça, atribuíram-me sentimentos antagônicos contra eles. Jamais poderia eu alimentar tal posição, porque os quatro anos em que vivi e lecionei na Universidade de Viena não me deram motivo algum para isso, mas, ao contrário, parti daquela cidade com sentimentos do mais profundo reconhecimento, estando, pois, certo de que meus leitores vienenses saberão melhor do que ninguém apreciar o real motivo que me levou a dar aquelas explicações e o ideal que as inspirou.

creto, ou subjetivo, só pode efetivar-se quando estão presentes os pressupostos dos quais o direito abstrato necessita para existir.

Conforme a teoria dominante, esse vínculo abrange as relações entre os dois tipos de direito, mas esse modo de ver o mundo jurídico é, sem dúvida, unilateral, pois ressalta apenas a dependência do direito concreto, ou subjetivo, em relação ao direito abstrato, ou objetivo, omitindo, além disso, o fato de que tal relação de dependência se forma com igual intensidade em sentido inverso.

O direito concreto recebe não somente vida e força do direito abstrato, como também lhe devolve esses elementos.

A essência do direito consiste na sua efetivação prática. A norma jurídica, que ficou pairando e nunca se efetivou, ou que perdeu essa efetivação, perde o caráter de norma, transformando-se em roda emperrada do mecanismo jurídico, e que, por essa inércia, em nada contribui para seu funcionamento, podendo, pois, ser suprimida, sem que isso produza qualquer prejuízo.

Esta proposição é verdadeira, sem nenhuma exceção, aplicando-se a todos os ramos do direito, quer ao direito constitucional, quer ao direito penal, quer ao direito privado, sendo que o direito romano aceita o princípio, de modo expresso, ao definir a *desuetudo* como um dos modos de revogação da lei, daí resultando a perda do direito concreto pelo não uso prolongado de seu exercício (o *non usus*).

Ao passo que a tutela do direito constitucional e do direito penal fica a cargo das autoridades governamentais, a realização do direito privado fica na esfera dos particulares, ou seja, constitui faculdade de iniciativa da atuação individual.

No primeiro exemplo, a concretização do direito depende do cumprimento do dever pelas autoridades e servidores públicos do Estado, enquanto no segundo a iniciativa dos particulares é que o faz valer.

Esvazia-se a norma de seu valor quando os particulares, por desconhecimento do seu direito, por comodismo ou por covardia, se omitem, de modo geral e permanente, em relação às normas jurídicas, pelo que sustentamos que a realidade, a força efetiva das leis de direito privado, sua real expressão no momento da consecução do direito subjetivo, assim como este, extraem sua força da lei e, logo depois, a devolvem.

A relação entre o direito objetivo, ou abstrato, e o direito subjetivo, ou concreto, pode ser comparada com a circulação do sangue no organismo, que sai do coração e para ele volta.

A efetivação das normas de direito público é função direta da noção de dever, a que estão sujeitos os funcionários públicos, em geral, mas a paralela efetivação das leis de direito privado depende do interesse e do senso de justiça do particular.

Se estas motivações eficazes, que levam o titular a defender seu direito, falham ou deixam de existir, ou seja, quando o interesse não é bastante para vencer o comodismo, o senso de justiça é débil, e, insuficiente a aversão à luta e o medo de enfrentar o processo, o efeito é a ausência de aplicação da norma jurídica.

Perguntar-se-á: que importa?

O prejudicado único, na realidade, é o titular do direito.

Relembro a imagem que, já uma vez, invoquei, a do homem que, só, foge do campo de batalha. Se mil homens estiverem lutando, não se notará a falta dele, mas se centenas de homens abandonarem a linha de fogo, a situação dos que se mantêm lutando fica cada vez mais séria, porque terão de aguentar sozinhos todo o peso da batalha. Esta imagem mostra, de modo exato, o verdadeiro cerne do problema.

Do mesmo modo, na esfera do direito privado, trava-se uma luta do direito contra a injustiça, luta comum, na qual toda a nação está empenhada, exigindo a irrestrita união de todos os cidadãos.

O desertor, nesse caso, comete ato de traição ao objetivo comum, porque fortalece o inimigo, que fica cada vez mais agressivo e audaz. Quando a arbitrariedade e a ilegalidade levantam a cabeça cinicamente e sem constrangimento, temos absoluta certeza de que se furtaram ao cumprimento do dever aqueles a quem incumbiria a defesa do direito.

No campo do direito privado, todo cidadão é convocado para ocupar seu lugar na defesa da lei, sendo cada um de nós guardião e executor da lei, na sua respectiva esfera.

O direito subjetivo, que faz parte do nosso patrimônio, pode ser entendido como o poder que nos confere o Estado, o qual habilita o titular de um direito a repelir a injustiça, dentro de sua esfera de interesses.

Estamos diante de ordem especial e vinculada, dirigida ao particular, inconfundível com a ordem geral e desvinculada, dirigida ao agente público.

O defensor do direito subjetivo defende, nesta esfera, o direito em geral, pois o interesse, perseguido pelo titular, e as consequências de sua atuação extrapolam ilimitadamente a esfera individual.

O interesse geral, ligado à atuação do particular, não é somente o interesse ideal da sociedade, para que se mantenha o princípio da autoridade e o da majestade da lei, mas sim o interesse real e prático, aspiração de todos, mesmo daqueles que não saibam o que se entende por interesse ideal, ao qual nos referimos, ou seja, interesse pelo respeito e manutenção da ordem pública que deve vigorar nas relações entre os cidadãos, interesse que diz respeito a cada indivíduo, na sua respectiva esfera.

A partir do momento em que o empregador não mais exigir do empregado o cumprimento do contrato de trabalho, o credor não penhorar os bens do devedor, o público comprador não aferir a exatidão dos pesos, medidas e preço, nesse instante estará em perigo não só a autoridade da lei, mas toda a ordem pública, sacrificada por essa inércia.

Difícil prever até onde irão as nefastas consequências desse *status quo*. Todo o sistema de crédito pode ficar abalado, pois farei o impossível para fugir desse ambiente, sempre que tiver de enfrentar a luta e o conflito para fazer valer o meu incontestável direito e, como precaução, meu capital será empregado fora do país para compra de produtos estrangeiros, aos quais darei preferência.

Prevalecendo tais condições, os homens que tiverem coragem de encetar a luta para a aplicação da lei serão sacrificados.

O enérgico senso de justiça, de que são dotados, não lhes permite ceder ao arbítrio, investindo-os em verdadeira missão, tendo de enfrentar, sozinhos, a enxurrada de infrações das normas, abandonados por seus aliados naturais e cercados por geral indolência e covardia e, nessa conjuntura, quando, depois de tão pesada e sacrificada luta, alcançam a glória de haverem permanecido fiéis consigo mesmos, são recebidos pela ironia e pelo desdém de seus pares.

O segmento da população que não se empenhou na luta pelo respeito à lei é responsável por essa situação, mas não o segmento que lutou por aquele respeito.

Quando o direito é desalojado do lugar em que deveria estar, a injustiça não é a culpada desse fato, mas sim quem se conformou com essa situação.

Se eu tivesse de classificar, pelo critério da importância prática, as duas regras "não cometas injustiças" e "não toleres injustiças", eu colocaria esta segunda regra em primeiro lugar, pois pela própria natureza humana o indivíduo se sentirá tolhido na prática da injustiça, mais pela certeza denodada por parte do titular do direito do que pela lei, porque a esta, se ignorarmos a barreira oposta à infração, não restará outra força que não a regra moral.

Erraremos se, diante de toda essa situação, dissermos que a defesa do direito concreto ameaçado não é somente um dever de seu titular para consigo mesmo, como também um dever para com toda a sociedade?

Aceita a tese que defendi, ou seja, que ao defender seu direito o interessado defende também a lei e, neste caso, a ordem indispensável à vida em sociedade, haverá quem conteste que essa defesa é também um dever para com a sociedade?

Se a sociedade pode convocar os cidadãos para a luta contra o inimigo externo, luta na qual eles expõem a própria vida, se, pois, cabe a todo cidadão o dever de defender os interesses comuns contra o inimigo externo, não deverá, porventura, esse mesmo dever prevalecer também dentro do país?

Por que os homens de coragem e de boa vontade não deveriam unir-se, somando suas forças contra o inimigo interno, se assim procedem contra o inimigo externo?

Se na luta contra o inimigo externo a covarde fuga é tida como traição à causa comum, por que deixar, então, de censurar aquele que deserta da luta interna?

Justiça e direito não vicejam num país pela simples razão de estar o juiz pronto a julgar e a polícia pronta a caçar os criminosos, pois cada um tem de cooperar, em sua esfera, para que tal aconteça. Cada um tem o dever de esmagar a cabeça da hidra do arbítrio e do desrespeito à lei, sempre que esta ponha a cabeça de fora.

Quem quer que usufrua as vantagens do direito deverá cooperar para manter a força e o prestígio da lei, ou, em outras palavras, cada um nasce como combatente pelo direito, no interesse da sociedade.

Eu não preciso ressaltar como essa colocação encobre a missão de cada um na defesa de seu direito, substituindo a visão unilateral, receptiva, do indivíduo para com o direito, defendida pela teoria contemporânea, por um inter-relacionamento, no qual o titular do direito devolve, em sua totalidade, o benefício que a lei lhe oferecera. Numa abrangente missão nacional, este é o tipo de cooperação atribuída por minha concepção, não importando se o titular do direito o compreende ou não.

O grande e sublime aspecto da ordem ética do nosso mundo está precisamente no fato de que essa mesma ordem pode contar com a cooperação dos que entendem, e têm também meios eficientes para obter inconsciente e involuntária cooperação dos que não lhes compreendem as ordens.

Para levar o homem a convolar núpcias, a sociedade desperta em um indivíduo nobres impulsos, noutro o mais deprimente apetite sexual, num terceiro, a comodidade, num quarto, a ambição, conduzindo todos esses motivos ao objetivo visado, ao casamento.

Na luta pelo direito, um homem pode também ser levado ao campo de batalha apenas pelo interesse material, outro pela dor causada pela lesão a seu direito, um terceiro, por fim, pelo senso do dever ou pela ideia mesma do direito. Finalmente, a união de todos em torno do objeto comum, na luta contra o arbítrio.

Atingimos aqui o ponto alto ideal da luta pelo direito. Saindo do banal motivo do interesse, subimos à ideia da autoconservação moral da pessoa, atingindo o conceito da participação de cada indivíduo na consecução da ideia do direito em prol da sociedade.

A lesão a meu direito é, ao mesmo tempo, lesão e negação do direito, como tal, e, nesse caso, essa defesa é a defesa do direito e de seu integral restabelecimento.

Que importância adquire, desse modo, a luta do homem em defesa de seu direito subjetivo!

E como esse interesse ideal, por ser geral, está situado na alta região do puro individualismo, do egoísmo e das paixões pessoais, aquele que desconhece o direito vê nisso os únicos determinantes das lides judiciais.

Esta altura, porém, dir-se-á, é tão elevada que não é perceptível senão pelos cultores da filosofia do direito.

Ninguém começa um processo apenas pela ideia do direito.

Para contestar essa asserção, poderíamos recorrer ao direito romano, onde a concretização deste ideal recebeu clara expressão no instituto da *ação popular*,[9] mas cometeríamos injustiça para

---

9. Para esclarecimento de meus leitores leigos em direito, explicarei

com a nossa época, se pretendêssemos contestar-lhe esse sentimento ideal. Possui, sem a menor dúvida, esse sentimento ideal todo homem que se sinta tomado pela cólera, pela indignação moral, diante da violência contra o direito.

O sentimento despertado pela ofensa ao meu direito é dotado de um motivo egoísta, mas o sentimento provocado pela ofensa ao direito de outrem tem origem na força moral que a ideia de justiça desperta no coração do homem, representando o protesto

---

que este tipo de ação (*actiones populares*) facultava a todos que o desejassem a oportunidade de se tornar defensores da lei e de responsabilizar os que a infringissem, ação que não só envolvia o interesse público em geral e, pois, o interesse do demandante, como, por exemplo, o do ameaçado ou turbado de usar passagem pública, como também o que tivesse lesado o direito de um particular, que não possuía meios de fazer sua própria defesa, como é o caso da lesão de um menor, em algum negócio jurídico, ou o caso de infidelidade do tutor contra o pupilo, ou na hipótese da cobrança de juros extorsivos, assuntos estes e outros análogos que se encontram no meu livro *O espírito do direito romano*, vol. VIII, p. 112 e segs. Essas ações, como se vê, eram ajuizadas para estimular o espírito idealista, nas quais, sem ter seu autor interesse direto, protegia o direito pelo direito. Também algumas dessas ações despertavam o móvel mesquinho da ambição, pois propiciavam ao autor o valor da pena em dinheiro imposta ao réu, razão por que sobre tais ações, isto é, sobre o exercício mercantilista delas, incide a mesma pecha das denúncias feitas com o propósito de obter as correspondentes recompensas. Se enfatizo o fato de que, no último período do direito romano, não mais existiam ações dessa segunda espécie, em sua maioria, e as da primeira espécie inexistem no direito de hoje, fácil é, para o leitor, deduzir, como consequência, o desaparecimento da utilidade pública que lhe determinava a criação.

de um forte caráter moral contra a violação ao direito e formando a mais bela e diferente manifestação do senso de justiça. Estamos, assim, em presença de fenômeno moral atraente e fecundo, não só para as reflexões do psicólogo, como também para a criatividade do poeta.

Segundo penso, não existe manifestação de sentimento psíquico que provoque, no homem, tão profunda e imediata transformação, pois é corrente que exatamente as pessoas afáveis e amistosas são por ele levadas a um estado de espírito totalmente divorciado de sua natureza, fato que demonstra terem sido atingidas no ponto crucial da essência do próprio ser.

Equipara-se isso à tempestade no mundo moral, surgindo bela e majestosa, nas suas formas, mediante a instantaneidade, a impetuosidade, poder desta força moral que, semelhante ao furacão ou aos elementos em fúria, derruba tudo que encontra pela frente, esquecido de tudo. Surge, porém, por outro lado, um fator edificante e amigável, pelos impulsos e consequências, produzindo eficiente depuração na atmosfera moral, não só para o indivíduo, como para o mundo.

Quando, entretanto, a força limitada do homem investe, sem êxito, contra algumas instituições que oferecem ao arbítrio um apoio que ao direito é negado, nesse caso volta-se a tempestade contra aquele que a desencadeia: o destino reservado a este homem é idêntico ao do criminoso que infringiu a lei, em razão do senso de justiça lesado, tema que desenvolverei mais tarde. Ou, então, terá a infelicidade de esvair-se em sangue e de perder toda a crença no direito, por causa do espinho enterrado em seu coração pela injustiça que o deixou inerte.

Admito existir o senso ideal de justiça do homem que, ante a agressão e o ultraje contra a ideia do direito, se vê imbuído de uma indignação maior que a provocada por uma ofensa pessoal e que, sem nenhum interesse direto, corre em defesa do direito lesado, talvez representando um modo de idealismo, prerrogativa das naturezas bem formadas.

O senso de justiça, entretanto, frio e desestimulante, que reage *motu proprio* ante a injustiça, mantém, no entanto, plena consciência da relação que visualizei entre o direito concreto e a lei, resumida acima por mim neste juízo: "meu direito é o direito", e assim, lesado este, aquele também estará lesado, e, defendendo este último, estou defendendo o primeiro.

Embora pareça um paradoxo, a verdade é que precisamente o jurista é o menos afeito a esta visão. Para o jurista, a luta pelo direito concreto não atinge a lei. Não é em torno da lei abstrata que gravita a lide, mas de sua encarnação no direito concreto, o qual, de certo modo, é apenas uma imagem na qual se fixou, sem que, entretanto, possa ser captada.

Reconheço a imperiosidade técnico-jurídica desta ideia, mas ela não deverá impedir-me de reconhecer a legitimidade da ideia oposta que, dispondo no mesmo plano a lei e o direito concreto, percebe, na violação deste, uma agressão àquele. A segunda ideia adapta-se muito melhor ao senso espontâneo de justiça do que a primeira. A melhor prova disto está na forma pela qual essa ideia é expressa, tanto na língua alemã como na língua latina. Entre nós, diz-se, no processo, que o demandante "invoca a lei", ao passo que o romano denominava a lide de *legis actio*. A própria lei está em questão. A própria lei é uma luta pela lei, que num único caso concreto gira em torno da lei. Isso nada mais é do que uma ideia que adquire alto relevo, em especial para a compreensão do antigo processo romano[10] das *legis actiones*.

---

10. Esta ideia foi desenvolvida em meu livro *O espírito do direito romano*, vol. II, 2.ª parte, § 47 c.

Sob a ótica dessa concepção, a luta pelo direito é igualmente uma luta pela lei.

O que está em questão é só o interesse do sujeito, a relação única em que a lei se incorpora, ou, conforme denominei, imagem na qual foi estampada e fixada uma réstia da lei, imagem que pode ser suprimida e aniquilada sem que se atinja a própria lei. Ao contrário, a própria lei foi desrespeitada e pisoteada. A lei terá de impor-se, porque, do contrário, não passará de um joguete e de uma frase vazia. Com o direito do ofendido contemplamos o desmoronamento da própria lei.

Já mostrei como esta concepção, que pode ser considerada a solidariedade entre a lei e o caso concreto, capta e fixa, em toda sua profundidade, a solidariedade entre ambos. Essas relações, no entanto, não se situam em nível tão profundo e em região tão escondida que não estejam à mercê do mais descontrolado e inatingível egoísmo, imune a uma concepção mais elevada. Possivelmente esse tipo de egoísmo disponha de um olhar penetrante, para abranger tais relações, como o aliado para vencer as lutas que está travando.

Esse próprio egoísmo, pois, involuntariamente e sem pretender superar-se e ao direito subjetivo, chega às alturas em que o titular do direito se acaba transformando em defensor da lei.

A verdade, porém, é sempre verdade, mesmo quando o sujeito a observa e defende somente sob a estreita ótica de seu interesse pessoal.

Ódio e espírito de vingança, eis o que conduz Shylock ao tribunal, para cortar do corpo de Antônio sua libra de carne, mas as palavras que o poeta o faz dizer são tão verdadeiras em sua boca como o seriam na de outro. É a linguagem que, em todos os lugares e tempos, sempre emprega o sentimento de justiça ofendido, linguagem de certeza firme e irredutível, de que o direito será sempre o direito, linguagem inflamada e enfática de um homem cônscio de que a causa que defende diz respeito não só à sua pessoa, como à própria lei.

A libra de carne leva Shakespeare a fazê-lo dizer:

> "A libra de carne, que dele exijo,
> Foi comprada caro; é minha e eu a terei:
> Se ma negardes, envergonhe-se a vossa lei!
> O direito de Veneza está sem força.
> ... Eu invoco a lei.
> ... A meu lado está o título que exibo".

E mais adiante:

"Eu exijo a lei." Com estas quatro palavras, o poeta indicou a verdadeira relação entre o direito subjetivo e o direito objetivo, assim como o real sentido da luta pelo direito, que não pode ser superada nem mesmo por um filósofo do direito.

Com estas palavras, a questão deixa de ser um problema jurídico pessoal de Shylock para colocar em cheque o próprio direito veneziano. Ao proferir estas palavras, a figura deste homem se eleva. Já não é mais o simples judeu que exige sua libra de carne. É a própria lei de Veneza que bate às portas do tribunal!

E por quê? Porque o direito *dele* e o *direito veneziano* são um só direito e, como consequência, se há lesão ao primeiro, o direito de Veneza desmorona.

Quando ele próprio cai sob o peso da sentença, que, mediante sofístico ardil lhe frustra o direito,[11] quando, perseguido com

---

11. Segundo penso, neste ponto é que se baseia o interesse

insultos, aniquilado e desalentado, curva, tremendo os joelhos, e sai trôpego, não há absolutamente ninguém que não sinta, na própria pele, que o próprio direito de Veneza foi conspurcado e que não é o judeu Shylock que se afasta, humilhado, mas é a típica figura do judeu da Idade Média, pária social, que clamava, em vão, por justiça.

---

eminentemente trágico que a figura de Shylock nos oferece. Não há dúvida de que o direito dele foi lesado, assim devendo o jurista apreciar o tema. Claro que o poeta tem liberdade de construir seu mundo jurídico e nem podemos lamentar o fato de Shakespeare haver conservado inalterada a antiga lenda, mas se o jurista submete a história a exame crítico, forçosamente deverá concluir que o título do judeu era nulo, por conter uma condição contrária à ética e que, portanto, deveria tê-lo recusado desde o início e, se não o fez, e se o sábio Daniel, apesar de tudo, declarou válido o título, usou de miserável subterfúgio, cometendo lamentável chicana, ao recusar ao homem a quem tinha reconhecido o direito de cortar uma libra de carne de um corpo vivo, com a condição de não derramar sangue, efeito inevitável daquele ato, com a mesma razão, poderia, então, o juiz que tivesse primeiro reconhecido o direito a uma servidão de passagem, depois proibisse a mesma pessoa que deixasse vestígios de suas pegadas no chão, sob pretexto de que, no título, nada fora convencionado a respeito. Somos quase inclinados a crer que a história de Shylock se passou nos primórdios da Roma antiga, porque os redatores da Lei das XII Tábuas julgaram necessário estabelecer, expressamente, a respeito da dissecção do corpo do devedor (*in partes secare*) pelo credor, e que este teria o campo totalmente livre para fixar o tamanho dos pedaços (*si plus ve secuerint sine fraude esto*). Quanto às críticas dirigidas contra a tese que defendo acima, dever-se-á consultar o meu *Prefácio*.

A tragédia enorme de seu destino não é o de seu direito não ter sido reconhecido, mas o fato de um judeu da Idade Média acreditar no direito, quase como um cristão.

É uma fé inabalável no direito, que, neste mundo, nada quebrará, fé incentivada até pelo juiz, até que, com a força de uma tempestade, desaba-lhe sobre a cabeça a catastrófica fé que o tira do campo das ilusões e lhe traz à mente que não passa de um judeu medieval, um renegado, cujo direito é violado, na mesma hora em que é reconhecido.

A imagem de Shylock lembra-me uma outra, nem menos histórica, nem menos poética, ou seja, a de Michael Kohlhaas, que Heinrich von Kleist relatou com impressionante fidelidade no romance de igual nome.[12]

Aceitando, sem resistência, a decisão do magistrado, Shylock retira-se, de joelhos, completamente alquebrado. O mesmo não ocorreu com Michael Kohlhaas, que tem conduta diversa.

Exauridos todos os meios para fazer valer seu direito, aviltado este do modo mais indigno que se possa imaginar, depois que um ato de absurda prática de gabinete obstruiu as vias jurídicas e a justiça, até seu mais alto grau, seu representante, o senhor da terra, colocada a justiça ao lado da injustiça, sucumbe perante uma dor infinita, causada pelo crime que contra ele, a seu modo de ver, cometeram, grita: "Prefiro ser cão, quando sou pisoteado, a ser homem". E firmemente conclui: "Aquele que me nega a proteção

---

12. As citações seguintes, sobre o mesmo assunto, referem-se à coletânea dos escritos do poeta, organizada por Tieck, Berlim, 1826, vol. III.

da lei, atira-me entre selvagens, colocando-me nas mãos a arma que me protegerá".

Ato contínuo, arranca das mãos da justiça covarde a espada manchada e maneja-a de forma tão perigosa que o pavor se espalha por todos os recantos do país, o que minou o edifício carcomido do Estado, abalado em seus alicerces.

Não o move, porém, o instinto selvagem da vingança.

Não se transforma, como Karl Moor, em ladrão e assassino, para quem "o grito de revolta deveria reboar por toda a natureza, a fim de que terra, mar e ar se unam contra as hienas", e que, lesado em seu senso de justiça, deflagra a guerra contra a humanidade.

Imagina-se impulsionado pela ideia moral de que "assumiu, perante o mundo, o dever de, com todas as forças de seu ser, desagravar a ofensa de que foi vítima e proteger seus compatriotas de ofensas vindouras".

Tudo sacrifica em prol desse dever, a felicidade de sua família, o nome honrado, os bens, o corpo e a alma, a própria vida, enfim.

Não se lança, entretanto, a uma guerra de extermínio, sem finalidade, dirigindo, isso sim, a luta contra o culpado e contra aqueles que com ele fazem uma frente comum. E depõe voluntariamente as armas, quando percebe que está prestes a recuperar o direito perdido.

Parece que este homem havia sido escolhido para demonstrar, pelo exemplo, a extensão da ignomínia e da ilegalidade, pois, tornando sem efeito o salvo-conduto e a anistia que lhe tinham dado, termina a vida no cadafalso, mas, antes de morrer, vê reconhecido o seu direito, e a ideia de que não lutou em vão, de que restabeleceu o império da lei, de que manteve sua dignidade humana, eleva-lhe a alma acima do temor da morte.

Reconciliado consigo mesmo, com o mundo e com Deus, entrega-se às mãos do carrasco, tranquilo e dócil.

Quantas reflexões este drama judiciário desperta!

Homem bondoso e honrado, cheio de amor pela família, puro e piedoso como uma criança, metamorfoseia-se num Átila, que destrói, a fogo e espada, os lugares em que o inimigo se refugiou. Donde, porém, tal metamorfose? Nasce exatamente dessas qualidades que o fazem moralmente superior ao inimigo, que, no entanto, triunfa sobre ele: a alta conta em que tem o direito, a santidade que no direito vê, a força de ação do senso de justiça sadio e puro.

E nisso, portanto, é que está o lado trágico e comovedor do seu destino.

Aquilo que lhe enobrece e eleva o caráter, o arrebatamento ideal de seu senso de justiça, a heroica abnegação à ideia do direito, sacrificando tudo e tudo esquecendo, eis os atributos que, confrontados com as misérias da sociedade da época, com a petulância dos grandes e poderosos, com a corrupção e vileza dos juízes, levam-nos à destruição.

A repercussão dos crimes que cometeu recai com responsabilidade duplicada ou triplicada sobre o príncipe, seus juízes e funcionários que o obrigaram a afastar-se da via do direito, tangendo-o para o campo da anarquia, porque injustiça alguma cometida pelo homem, qualquer que seja a sua gravidade, pelo menos para o senso moral ileso, pode ser, de longe, comparada com a injustiça praticada pela autoridade investida, em suas funções, pela graça de Deus, quando ela própria viola o direito.

O "homicídio da justiça", como a nossa língua costuma chamar, de forma tão apropriada, é o verdadeiro pecado mortal do direito.

O defensor e guardião da lei transforma-se em assassino e o ato que pratica assemelha-se ao do médico que envenena o doente, ao do tutor que estrangula o pupilo. Na Roma antiga, ao juiz peitado aplicava-se a pena de morte.

Para a justiça, que violou o direito, inexiste acusação mais grave do que a encarnada na figura do homem que se transforma em criminoso pelo senso de justiça lesado, pois ele é a sombra ensanguentada dessa justiça.

A vítima de uma justiça venal ou parcial quase chega a ser expulsa, à força, da senda do direito, transformando-se em vingador e executor de seu direito pelas próprias mãos e, quase sempre, ultrapassa o fim imediato, tornando-se inimigo declarado da sociedade, um ladrão e homicida.

Entretanto, até um homem, cujo caráter de moral bem elevada o protege contra esse tipo de desvio, como Michael Kohlhaas poderá tornar-se criminoso e, quando for punido por suas ações, poderá ficar o mártir do próprio sentimento de justiça.

Nunca, como se diz, o sangue do mártir é derramado em vão, e, no caso dele, talvez isso seja verdade. Durante muito tempo a imagem dele talvez tenha servido de aviso para impedir que pratiquem novas violências contra o direito, como ocorreu com ele.

Quando evoquei esta imagem, minha intenção foi a de corroborar com um exemplo frisante: a que ponto pode chegar o senso de justiça, e, em especial, o que parece mais significativo e idealista, quando, pela imperfeição das instituições jurídicas lhe é negada a esperada satisfação.[13] Assim, a luta pela lei transforma-se numa luta contra a lei.

---

13. Karl Emil Franzos, no romance *Uma luta pelo direito*, Breslau, 1882,

O senso de justiça, deixado de lado pela força, que deveria ampará-lo, extrapola o campo do direito e procura atingir, mediante esforço próprio, aquilo que a ignorância, a má fé e a impotência lhe negaram.

A acusação e o protesto do senso nacional de justiça não se erguem contra esse estado de coisas e, no campo do direito, somente em algumas personalidades mais fortes ou afeitas à violência, porque toda a população assume essa acusação e esse protesto, por meio de cartas e determinadas posturas que, por seu objetivo ou pelo modo segundo o povo ou alguma classe social vê o problema, podem ser tidas como complementares ou auxiliares das entidades estatais.

Entre tais posturas tivemos, na Idade Média o *Vehmgerichte* e o *Fehderecht*, o tribunal secreto e o direito de querela, que usurpa-

---

inspirado em meus escritos, deu a este assunto um tratamento completamente diferente, mas muito mais impressionante do que o da obra do seu antecessor, Kleist: Michael Kohlhaas é convocado à luta por causa de odioso ultraje a seu próprio direito individual. O herói do romance, que citei, defende a violação do direito da sua comuna, da qual é chefe, direito que tentei fazer prevalecer inutilmente, por todos os meios legais. O motivo desta luta, aqui, pois, está em nível mais alto do que aquele em que o colocou Michael Kohlhaas. Estamos diante do idealismo puro do direito, que nada quer para si e tudo para o próximo. A finalidade deste livro não me permite dar a devida atenção, referindo-me ao modo notável pelo qual o autor desenvolveu o trabalho a que se propôs. Não posso, entretanto, deixar de recomendar, encarecidamente, ao leitor, esse aspecto literário da obra, que nada fica a dever ao personagem Michael Kohlhaas, do livro de Kleist, pois se trata de perfil psicológico autêntico e comovente, pelo que toda pessoa que o ler ficará emocionada ao extremo.

vam as funções estatais, bem como a vingança privada. Ambas as entidades demonstravam clara fraqueza ou parcialidade da justiça penal e da importância do poder público.

Em época mais recente, mencionarei o instituto do duelo, prova concludente de que as penas cominadas pelo Estado, no caso de ofensas à honra, não lavam a suscetibilidade de certas classes sociais, neste particular.

Entre estes institutos incluem-se ainda a *vendetta*, praticada na Córsega, e a justiça popular nos Estados Unidos, praticada segundo a denominada Lei de Lynch.

Todas essas iniciativas demonstram que as instituições oficiais não são compatíveis com o sentimento popular ou com a de determinada classe, mas envolvem uma crítica ao Estado, que as encampa ou permite.

Quando a lei as proíbe, mas não consegue dominá-las, o cidadão fica diante de sério conflito.

O homem da Córsega que, obedecendo à lei do Estado, não usa a *vendetta*, é desprezado por seus concidadãos, mas, se preferir ceder à pressão social, derivada da concepção popular, fica exposto ao braço vingativo da justiça, o que também ocorre no caso do nosso duelo. Se o cidadão se recusa a bater-se em duelo, quando as circunstâncias o obrigam a lavar a honra ofendida, fica, com isso, prejudicado, mas, se se bate, é punido pelo Estado.

A situação é embaraçosa, tanto para a pessoa atingida como para o julgado.

Na Roma antiga, não encontraremos manifestações análogas a esta, pois naquela época as instituições do Estado e o senso de justiça nacional caminhavam passo a passo.

Capítulo IV

Estou, assim, no final de minhas considerações sobre a luta do indivíduo por seu direito.

Nós a estamos acompanhando na escala dos motivos, que a orientam, desde o mais baixo dos cálculos, meramente interesseiros, até o mais alto dos ideais da declaração da personalidade e das condições éticas de vida, para, finalmente, chegar ao ponto de vista da realização da ideia de justiça – o mais alto plano, do qual um passo em falso ofende o senso de justiça e faz cair no abismo da ilegalidade o criminoso.

Mas o interesse dessa luta pelo direito não se limita, absolutamente, ao direito privado ou à vida privada. Ele se estende muito além disso. Uma nação é, na verdade, apenas a soma dos indivíduos que a integram e, como cada indivíduo sente, pensa e age, assim também sente, pensa e age a nação.

Se, nas relações de direito privado, o senso de justiça do indivíduo se mostra fraco, covarde, apático; se, por causa dos obstáculos que as leis injustas ou as más instituições lhe opõem, ele não consegue força para reagir; se encontra perseguição onde deveria encontrar apoio e progresso; se, por causa disso, se habitua a sofrer injustiça e a considerá-la como coisa que não se pode mudar, quem acreditaria que tal senso de justiça, enfraquecido, apático, de repente se elevasse a uma impressão viva e a uma ação enérgica, quando se trata de uma agressão ao direito, que não apenas atinge o indivíduo, mas todo o povo, como atentado à liberdade política, violação ou derrocada de sua constituição, como um ataque do inimigo externo?

Como esperar que o homem, que não tem o hábito de defender, corajosamente, o próprio direito vá arriscar voluntariamente sua vida e bens pela comunidade?

Quem não mostrou compreensão pelo dano ideal causado à sua honra e à sua pessoa, que, por comodismo ou covardia, abandona o bom direito, quem estiver acostumado, em coisas do direito, a cuidar apenas de seu interesse material, como esperar que tome medidas e pense de outra maneira, quando se trata do direito e da honra da nação?

Donde virá, de repente, este idealismo de sentimentos, que até esse dia não apareceu? Não! O lutador pelo direito público e internacional não é outro senão o que luta pelo direito privado; as mesmas qualidades que também o acompanham na luta pela liberdade civil e contra o inimigo externo – pois o que é semeado no direito privado frutifica no direito público e no direito internacional.

É nas regiões inferiores do direito privado, em pequena e menor proporção, nas relações mais insignificantes da vida, que se formam e se reúnem, gota a gota, todas as forças que acumulam o capital moral necessário ao Estado, para que este realize com grandeza seus objetivos.

O direito privado e não o direito público é a verdadeira escola da educação política dos povos, e, se se quiser saber como um povo irá defender, se preciso, seus direitos políticos e sua posição internacional, basta observar como um membro da vida privada defenderá seu direito.

Já citei, mais acima, o exemplo do inglês, e aqui só posso repeti-lo: na luta encarniçada, que sustenta por uma simples libra, está o desenvolvimento político da Inglaterra.

A um povo, que tenta defender seu direito, por menor que seja, ninguém tentará tirar o que ele tiver de mais valioso, de modo que não é por acaso que o mesmo povo da Antiguidade, que, no âmbito interno, teve o mais alto desenvolvimento político e, no exterior, o maior desdobramento de força, teve, ao mesmo tempo, o direito privado mais aperfeiçoado.

Direito é sinônimo de idealismo, por mais paradoxal que isso possa parecer. Não o idealismo da fantasia, mas a do caráter, isto é, o do homem que se sente como seu próprio objetivo e para quem tudo o mais significa pouco, quando estiver no aconchego do lar. De quem parte este ataque a seus direitos: se de um indivíduo, de seu próprio governo, de um povo estranho – o que lhe importa?

A resistência que opõe a estes ataques não atinge a pessoa que o ataca, mas a energia do seu senso de justiça, a força moral, com a qual costuma defender-se.

Por isso é verdadeira a afirmação de que a situação política de um povo, no interior e no exterior, corresponde sempre a sua força moral. O Reino do Meio,[1] com seus bambus, o açoite aplicado a crianças crescidas, não poderá jamais, apesar de suas centenas de milhões, ultrapassar as nações estrangeiras, usurpando o lugar internacional da pequena Suíça.

O caráter dos suíços é nada menos que o sentido da arte e da poesia como ideal, sóbrio e prático como o dos antigos romanos.

Mas, no sentido em que tomei a palavra "ideal", que esclareci em relação ao direito, o mesmo se passa tanto com os suíços como com os ingleses. Este idealismo do sadio senso de justiça terá seu

1. O antigo Império da China. N. dos T.

próprio fundamento minado, se se limitar a defender, exclusivamente, o próprio direito e sem tomar parte na conservação do direito e da ordem.

O indivíduo só não sabe que, ao defender o direito em geral, estará defendendo, neste caso, o próprio direito. Na comunidade em que esta disposição, este sentido de legalidade predomina, procurar-se-á alhures a manifestação, que é tão frequente que a massa do povo, quando a autoridade persegue ou pune o violador da lei, toma o partido destes últimos, isto é, vê o poder público como o adversário natural do povo.

Todos sabem, aqui, que a causa do direito é a sua própria causa. Com o assaltante só o próprio assaltante simpatiza, não o homem honrado, que com boa vontade dará uma mão à polícia e às autoridades.

Quase não terei necessidade de expressar em palavras a conclusão que deduzi do que foi dito. Está no simples dito: para um Estado, que quer ser respeitado no exterior, forte e inquebrantável no interior, não existe bem mais precioso e digno de defender e preservar do que o sentimento de justiça nacional.

Esta preocupação é dos mais altos e importantes deveres da pedagogia política. No sentimento sadio e forte de justiça de cada um, encontra o Estado a fonte mais fecunda da própria força, a garantia mais segura da própria duração, dentro e fora do país.

O senso de justiça é a raiz da grande árvore; se a raiz não vingar, se secar nas pedras e na areia árida, tudo o mais não passa de ilusão – quando vem a tempestade, a árvore inteira será desenraizada.

Mas o tronco e o topo têm a vantagem de serem vistos, enquanto as raízes se escondem no solo e se furtam ao olhar.

A influência desintegradora que as leis injustas e as más instituições jurídicas exercem sobre a força moral do povo age sob a terra, em todas as regiões, que alguns diletantes políticos não julgam dignas de sua atenção; para eles, só importa o imponente topo; do veneno que sobe da raiz ao topo não têm a menor noção.

Mas o despotismo sabe onde deve bater para derrubar a árvore; em seguida, ele deixa o topo intacto, mas destrói as raízes.

Com agressões ao direito privado, com maus tratos aos indivíduos, o despotismo começou por toda parte; assim que terminou sua tarefa, a árvore caiu por si mesma.

Por isso é que ele deve resistir e os romanos sabiam bem o que faziam; o atentado ao pudor e à honra de uma mulher serviu de motivo para por fim à realeza e ao decenvirato.

Para perturbar a livre autoestima dos camponeses através de pressão e violenta oposição, basta colocar o cidadão sob a tutela da polícia, a permissão para viajar sob a dependência de um passe, distribuir os impostos conforme o capricho – um Maquiavel não poderia ter dado melhor receita a toda a autoestima viril, matar toda a força moral do povo e assegurar a entrada do despotismo sem a menor resistência.

A mesma porta, pela qual entram o despotismo e a arbitrariedade, está aberta, muitas vezes, para o inimigo externo. Naturalmente, não será fechada, e só quando o inimigo passar por ele é que chegarão os sábios ao conhecimento tardio de que a força moral e o senso de justiça de um povo poderão formar, contra o inimigo externo, a mais eficaz defesa.

Na época em que o camponês e o cidadão foram objeto da arbitrariedade absolutista feudal, o Império Alemão perdeu a Lorena e a Alsácia. Como poderiam seus habitantes e irmãos, no

Império, sentir pelo Império, quando tinham esquecido de se sentir a si mesmos?

Mas isso é nossa própria culpa, pois só entendemos as lições da História quando já é tarde demais; não está nela o fato de não entendermos a tempo, pois ela ensina isso, alto e bom som.

A força de um povo está relacionada com a força de seu senso de justiça e cultivar o senso de justiça nacional é, então, cultivar a saúde e a força do Estado.

Por cultura não entendo, naturalmente, a cultura teórica da escola e do ensino, mas a realização prática dos fundamentos da justiça, em todas as relações da vida. Somente com os mecanismos externos isso não pode ser feito.

Esse mecanismo pode ser de tal modo bem organizado e manobrado que reine o máximo de ordem e, contudo, a exigência acima pode ser ignorada da maneira mais brilhante.

Lei e ordem estavam também incorporadas na taxa de proteção aos judeus e tantas outras cláusulas e organizações, numa época passada, que estavam em contradição com as exigências de um sadio e forte senso de justiça, através do qual talvez o Estado se prejudicasse mais que os citadinos, camponeses e judeus, sobre os quais mais pesavam.

Firmeza, clareza, precisão do direito material, remoção de todas as regras, sobre as quais deve impulsionar-se todo autêntico senso de justiça, em todas as esferas do direito, não apenas do direito privado, como da polícia, da Administração, da atividade financeira; independência dos tribunais, organização o mais perfeita possível das regras processuais – este é o caminho que o Estado deve seguir para o pleno desenvolvimento do senso de justiça de seus membros e, com isso, de sua própria energia.

Toda norma que se torna injusta aos olhos do povo e toda instituição que provoque esse ódio causam dano ao senso de justiça nacional e, por isso, enfraquece as energias da nação, um pecado contra a ideia do direito, que acaba se voltando contra o próprio Estado, o qual muitas vezes terá de pagar com juros o que, nas circunstâncias, até poderá custar-lhe uma província!

Eu, é claro, não sou de opinião que o Estado deva somente anunciar tal expediente, pois creio que seu dever mais sagrado é o de realizar esta ideia, por sua própria vontade; mas isto é, talvez, idealismo doutrinário, e eu não quero culpar nem o político nem o estadista prático, se ele der de ombros.

Foi exatamente por isso que ressaltei o aspecto prático da pergunta, que eles entendem perfeitamente. A ideia do direito e o interesse do Estado andam de mãos dadas.

Nem mesmo o senso de justiça mais forte resiste, por muito tempo, a um sistema jurídico corrupto – ele acaba embotado, estiolado e degenerado.

Conforme já ressaltei várias vezes, a essência do direito está na ação. O que o ar puro representa para a chama, a liberdade de ação representa para o senso de justiça, que sufocará se a ação for impedida ou perturbada.

Capítulo V

Eu poderia terminar aqui meu texto, pois o tema já está esgotado. O leitor, porém, me permitirá que lhe solicite a atenção para uma pergunta, que está fortemente ligada à matéria desta obra: até que ponto nosso direito atual, ou, mais exatamente, o direito romano de nossos dias, o único que me sinto capaz de avaliar, corresponde às exigências até agora mencionadas?

Não hesito em responder, enfaticamente, a essa pergunta pela negativa. Ele está bem aquém das exigências legítimas de um senso de justiça sadio, não porque, aqui e ali, não encontrasse a solução, mas porque, no todo, de um ponto de vista diametralmente oposto ao que, após minhas explicações anteriores, forma a essência do sadio senso de justiça – quero dizer, com isso, que todo idealismo, no dano causado ao direito, vê não só uma agressão ao objeto, como também à própria pessoa.

O referido direito comum não dá o menor apoio a esse idealismo; à medida que reduz essas agressões ao direito, com exceção da lesão à honra, é exclusivamente de valor material – o vazio e banal materialismo, que chega, assim, à sua mais completa expressão.

Mas o que pode o direito oferecer à pessoa lesada, quando se trata do meu e do teu, senão o objeto da disputa ou o seu valor?[1]

---

1. Eu mesmo já pensei assim. Ver *O momento da obrigação no direito romano privado*, Giessen, 1867, p. 61 (*Vermischte Schriften - Textos miscelâneos,* Leipzig, 1879, p. 229). Se agora eu penso de modo

Se isso fosse justo, poder-se-ia soltar o ladrão, desde que ele devolvesse o objeto roubado. Mas, objeta-se, ele não só agrediu a vítima, como também as leis do Estado, a ordem jurídica e a lei moral.

Será que o devedor, que discorda do preço estabelecido com o vendedor, o locador, que não cumpre o contrato, o mandatário, que trai minha confiança, enganando-me, não fazem o mesmo? Será uma satisfação para mim se, após longa luta com todas essas pessoas, eu nada mais obtiver, senão aquilo que me pertencia desde o início?

Deixando, porém, de lado essa exigência, que não hesito em reconhecer como totalmente legítima, que desordem no equilíbrio natural entre as duas partes!

O perigo que a saída desfavorável do processo lhes trouxe existe para uma perda do que lhe pertence, e para o outro apenas em ter de devolver aquilo que injustamente tomou. A vantagem que a saída possibilita, para um, é o fato de não perder nada, e, para o outro, o de se enriquecer às custas do adversário.

Não se estará, assim, exatamente a estimular a mentira mais desavergonhada e dar um prêmio à celebração da deslealdade? Com isso, caracterizei apenas nosso direito atual.

Podemos responsabilizar por esse fato o direito romano.

Distingo, a respeito desse direito, três fases distintas: a primeira, no direito antigo, que, em sua veemência, ainda não chegou a se autodominar; o segundo, no direito intermediário, onde sua força foi dosada; e o terceiro, no final do Império e, especial-

---

diferente, devo-o ao fato de haver-me ocupado longamente com esse tema controvertido.

mente, no tempo do direito de Justiniano, que se tornou fraco e estiolado. Sobre este assunto, que traz em si mesmo as matérias mais baixas do desenvolvimento, já fiz experiências apresentadas e publicadas,[2] cujo resultado aqui resumi em poucas palavras.

O senso de justiça irascível dos tempos antigos considera toda lesão ou contestação do direito próprio, do ponto de vista da injustiça subjetiva, sem levar em conta a inocência ou o grau de culpa do oponente e exige uma satisfação, tanto do inocente quanto do culpado.

Aquele que contesta a culpa clara (*nexum*) ou o dano causado pelo oponente, paga o dobro, se perder, e quem, numa ação de reivindicação, como possuidor, recebeu os frutos, deve restituí-los em dobro, além da parte do *sacramentum*.

A mesma punição sofre o autor, se perder a ação, por ter-se apoderado de bens alheios; se ele se enganou, por mínimo que seja, sobre o total da dívida fundamentada, mesmo que o resto esteja absolutamente certo, perde toda a demanda.[3]

Destas instituições e regras do direito antigo, algumas foram recebidas pelo direito mais novo, mas as novas criações independentes respiram um espírito completamente diferente.[4]

Ele pode ser caracterizado por uma única frase: estabelecimento e aplicação da medida da culpa a todas as relações do direito privado. As injustiças objetiva e subjetiva estão fortemente separadas, sendo que a primeira se refere apenas à restituição simples do objeto devido e, além disso, a uma punição, às vezes

---

2. Em minha primeira obra, citada na nota anterior.
3. Outros exemplos, na mesma obra.
4. Disso trata a segunda parte da obra acima citada.

pecuniária, às vezes infamante, e justamente esta aplicação das penas, dentro dos limites, é uma das mais sadias ideias do direito romano intermediário.

O depositário, que teve a deslealdade de negar que recebeu o depósito ou que o reteve; o mandatário ou tutor, que usou seu cargo de confiança em proveito próprio ou negligenciou, propositadamente, seu dever, poderia eximir-se da punição apenas com a devolução do objeto, ou, com uma simples pena pecuniária, ou, ainda, com o ressarcimento do dano – mas isto não era aceito pelos romanos, pois estes exigiam que, além disso, recebessem mais uma punição, primeiro como satisfação do senso de justiça lesado e, depois, com o objetivo de afastar outras pessoas da prática de atos criminosos semelhantes.

Entre as punições que se aplicavam, estava, em primeiro lugar, a da infâmia – entre os romanos uma das mais severas penas que se pudessem imaginar, pois, além da proscrição social, causava, também, a perda de todos os direitos políticos: a morte política. Ela se aplicava sempre que a violação do direito se caracterizava como deslealdade específica. Em seguida, vinham as penas pecuniárias, que se usavam incomparavelmente mais que entre nós.

Contra aquele a quem, por algo injusto, se movia uma ação, ou se ele próprio tomava essa iniciativa, erguia-se todo um arsenal de meios amedrontadores preparados; começavam com frações do valor do objeto em litígio, (1/10, 1/5, 1/4, 1/8), depois se elevavam até vários valores e até aumentavam, de modo ilimitado, isto é, até atingir a soma que o demandante achasse suficiente, nas circunstâncias em que não havia outro meio de quebrar a obstinação do adversário.

Havia, especialmente, duas instituições processuais, que davam ao demandado a alternativa ou de desistir da ação, sem propor outras, ou de expor-se ao risco de ser julgado culpado e, por conseguinte, punido: os interditos proibitórios dos pretores – as *actiones arbitrariae*. Se não obedecesse à ordem do magistrado ou do juiz de segunda instância, considerava-se isso desobediência ou insubordinação; não mais se tratava apenas do direito do demandante, mas, ao mesmo tempo, da questão da autoridade de seu representante e a desconsideração daquele que pagava com pena pecuniária, vantajosa para o demandante.

O objetivo de todas essas penas era o mesmo que no direito penal. Primeiramente, o fim puramente prático de assegurar os interesses da vida privada, contra lesões que não constituíam crimes e, depois, o fim ético de restaurar o senso de justiça lesado e a autoridade violada da lei.

O dinheiro não era um fim em si, mas apenas um meio para alcançar o fim.[5]

A meu ver, este estado de coisas, no direito romano intermediário, é digno de servir de modelo.

Situando-se num plano equidistante do antigo direito, que aplicava a mesma regra no cálculo das lesões objetiva e subjetiva

---

5. Isso é acentuado de maneira precisa pelas ações chamadas *actiones vindictam spirantes*. O ponto de vista ideal, de que se trata não de dinheiro ou de bens, mas da satisfação do direito e da personalidade lesados ("magis vindictae, quam pecuniam habet rationem", 1.2, § 4 de coll. bon. 37,6) é levado às últimas consequências. Por isso são negadas aos herdeiros e nem podem ser cedidas, e, no caso de falência, não podem ser apresentadas pelos curadores da massa falida; devido a isso, extinguem-se em tempo mais curto e não podem ser propostas, quando se percebe que não as atingirá a injustiça cometida contra eles ("ad animum suum non revocaverit", 1. 11, § 1 de injur. 47, 10).

do direito, e o extremo oposto encontrado no direito moderno, onde a lesão subjetiva foi colocada em nível idêntico ao da objetiva, isto proporcionava a mais ampla satisfação às justas aspirações de um autêntico senso de justiça, pois fazia clara distinção entre as duas modalidades de lesões ao direito, acrescendo que no campo das lesões subjetivas demonstrava uma grande sensibilidade para estabelecer graduações, conforme a forma, o tipo e o grau da ofensa.

Ao verificar o desenvolvimento da última fase do direito romano, que se encerrou com a compilação de Justiniano, ocorre-me, involuntariamente, a observação, cujo significado é importante para o direito das sucessões, tanto para a vida dos povos como para a vida dos indivíduos.

O que teria sido o direito daquela época, moral e politicamente decadente, se ela própria o houvesse criado!

Do mesmo modo que alguns herdeiros, que por sua própria força mal poderiam subsistir, porque vivem da riqueza de seus antepassados, assim também vive, durante muito tempo, uma raça esgotada e decaída, às custas do capital acumulado em épocas mais prósperas.

Não estou dizendo isso apenas no sentido de que sem seu próprio trabalho gozem dos frutos do trabalho alheio, mas principalmente no sentido de que as obras, as criações, as instituições do passado, que se originaram de determinada época, se conservam ainda durante certo tempo, e até renascem. Possuem uma reserva de força latente, que através do contato pessoal com eles se transforma novamente em força viva.

Neste sentido, não só o direito privado da República, no qual se refletia o senso de justiça vigoroso e forte, objetivado pelo antigo povo romano, como também o do tempo do Império ainda proporcionavam uma fonte vívida e refrescante; e no grande deserto do mundo futuro, havia um oásis, em que uma fonte ainda jorrava água fresca.

Mas o abrasador vento "simum" do despotismo não poderia alimentar a duração de uma vida independente. O direito privado não poderia, por si só, cultivar e manter o estudo do espírito proscrito em toda parte – ele também percebeu, embora já no final, o espírito dos novos tempos. Este espírito dos novos tempos tem um estranho aspecto!

Poder-se-ia esperar que trouxesse em si os traços do despotismo: força, dureza, implacabilidade, mas a expressão do seu rosto é exatamente o contrário: suavidade e humanidade.

A própria bondade, porém, é despótica, pois rouba um para presentear outro – é a suavidade do arbítrio e do capricho, não do caráter – a consequência da violência, que procura reparar a injustiça, mediante a prática de outra injustiça.

Não é este o lugar apropriado para apresentar todas as provas em prol desta afirmação.[6]

Basta frisar um dos mais significativos traços, que pode ser demonstrado por muitos exemplos históricos. Trata-se da benevolência e da tolerância dispensadas ao devedor, com prejuízo do credor.[7]

---

6. Cabe aqui citar, por exemplo, a supressão da mais rigorosa das sanções processuais, de que tratei em minha obra. O sadio rigor de tempos mais antigos não se compadeceria com a lassidão e debilidade dos tempos subsequentes.
7. Como exemplo, citemos algumas normas de Justiniano, entre as quais a que permitia ao fiador invocar o benefício da ordem, e ao

Creio, então, que se pode fazer uma observação geral, isto é, a simpatia para com o devedor é um sinal de épocas de decadência.

---

devedor solidário o da divisão, que fixava o absurdo prazo de dois anos para a alienação do penhor e, transmitida a propriedade deste, ainda se concedia ao devedor o prazo de dois anos para o resgate, atribuindo-se, ainda, ao devedor, direitos sobre o saldo do preço da coisa, alienada pelo credor. Cabe-me referir, também, a excessiva amplitude do direito de compensação, a *datio in solutum*, com os privilégios de que desfrutava a Igreja em relação a este instituto, a redução das ações de interesse ao dobro, nas lides ligadas a contrato, a extensão desmedida da proibição da usura e, *supra alterum tantum*, o privilégio absurdo de que gozava o herdeiro diante do credor, mediante o *benef. inventarii*. A prorrogação do prazo para pagamento da dívida por decisão da maioria dos credores, criação devida a Justiniano, é precedente digno do instituto das moratórias, que surgiram na época de Constantino. A vantagem da criação da *querela non numeratae pecuniae* e da *cautio indiscreta*, bem como da edição da *Lex Anastasiana,* é devida a seus antecessores do Império. Sem dúvida, cabe a Napoleão III o título de ser o primeiro ocupante de trono que percebeu a extensão da crueldade da execução pessoal, banindo essa pena, inspirado por princípios humanitários. Naturalmente, ele não ficou chocado com a guilhotina seca de Cayenne, da mesma forma que os imperadores romanos da última fase daquele direito acharam natural que aos filhos inocentes das pessoas culpadas de alta traição se reservasse um destino que eles próprios caracterizavam com as seguintes palavras: "ut his perpetua egestate sordentibus sit et mors solatium et vita supplicium" (L. 5 Cod. ad leg. Jul. maj. 9,8). Que belo contraste a este rigor excessivo nos oferece o tratamento grandemente humanitário dispensado aos devedores! Não há modo mais cômodo de render a devida homenagem ao espírito humanitário do que fazê-lo a custa alheia!

Essas mesmas épocas se denominam de humanitárias. Uma época vigorosa preocupa-se com o direito do credor e não recua, quando necessário, diante de atitudes mais rigorosas para com o devedor, se necessário, no resguardo das relações jurídicas, da confiança e do crédito.

Examinemos agora o nosso direito romano atual!

Quase lamento ter feito menção a isso, pois me coloquei na posição de ter de emitir um julgamento, que não posso, neste ponto, fundamentar como o desejaria. Mas não quero, pelo menos, deixar de dar minha opinião.

Se eu quiser resumir isso em poucas palavras, atribuirei ao caráter peculiar de toda a história e da autoridade do moderno direito romano essa peculiaridade, necessária, até certo ponto, na preponderância das relações de pura erudição, sobre todos os fatores que, além disso, determinam a formação e o desenvolvimento do direito: o senso nacional de justiça, a prática e a legislação.

Trata-se de um direito estrangeiro, escrito em língua estrangeira, introduzido pelos eruditos e acessível, em sua quase totalidade, apenas a estes, e, desde o início, exposto a críticas e a variações de interesses contraditórios, a saber, o puro conhecimento histórico imparcial e a adequação prática e progressiva ao direito. A isso opõe-se a prática, à qual falta a força necessária ao completo controle espiritual da matéria e daí a duradoura dependência da teoria, ou seja, a condenação da imaturidade, o particularismo da jurisprudência, e da legislação incidentes sobre os fracos e pouco desenvolvidos impulsos de centralização.

Pode-nos surpreender que entre o senso nacional de justiça e tal direito se produza um espaço vazio, que o povo não compreenda seu direito e o direito não compreenda seu povo?

Instituições e regras, que, em Roma, eram compreendidas nas relações e costumes de lá, ficaram aqui completamente esquecidas, como se fora uma maldição, e nunca, enquanto o mundo existir, terá uma jurisprudência abalado tanto, no povo, a fé e a confiança no direito.

O que dirá a simples e sadia compreensão do leigo quando se deparar com uma sentença do juiz, na qual seu adversário reconhece ser devedor de cem *gulden*, que o juiz explica como sendo *cautio indiscreta*, ou, então, uma sentença, que expressamente chama o empréstimo de dívida, cuja expiração não pode ser provada antes de dois anos?

Não quero, porém, entrar em minúcias; do contrário, como poderia chegar ao fim?

Prefiro limitar-me a dois desvios do nosso sistema de direito comum – não posso designá-los de outro modo –, e que encerram, em si, verdadeira semente de injustiça.

O primeiro consiste no fato de que a moderna doutrina, cuja ideia geral desenvolvi acima, trata da lesão de direito, não se ocupando apenas do valor pecuniário, mas da consecução do senso de justiça lesado, totalmente perdido, o qual se mede todo pelo materialismo chão e vulgar: o mero interesse pecuniário.

Lembro-me de ter ouvido falar de um juiz que, num litígio de valor irrisório, ofereceu, para evitar um longo processo, pagar do próprio bolso ao autor, que recusou o oferecimento, o que deixou o juiz bastante indignado. Não entrava na cabeça desse cultor do direito que se tratava de direito e não de dinheiro e nós não podemos atribuir-lhe culpa por isso: ele podia rejeitar essa acusação, atribuindo-a à ciência do direito.

A condenação pecuniária, que nas mãos do juiz romano se tornou um meio suficiente para fazer justiça ao interesse ideal lesado,[8] se transformou, sob a nossa moderna teoria da prova, num dos mais ineficazes expedientes que apareceram para a justiça tentar refrear a injustiça.

Exige-se do demandante que prove seu interesse pecuniário com exatidão, desde um *heller*[9] até o último *pfennig*. A que se reduziria a proteção do direito, se não existisse nenhum interesse pecuniário.

O locador que, nos termos do contrato, possuía o direito de uso comum do jardim, veda ao locatário o acesso a ele; deverá, porém, provar o valor pecuniário da permanência no referido jardim!

Ou, então, imaginemos o caso do locador que aluga a casa a alguém e, antes que o locatário se mude, aluga-a a outro, sujeitando o primeiro a morar meio ano em casas pobres até encontrar outro imóvel.

Ou o caso do dono de hotel que não aceita o hóspede que reservara um quarto, por telegrama, e este terá de vagar durante horas, noite adentro, para encontrar modesta acomodação.

Que se converta isso em dinheiro, ou que se tente fazê-lo, e ver-se-á que justiça vai receber!

Entre nós, na Alemanha, essa compensação é nula, pois o juiz alemão não chega a considerações teóricas, mas, mesmo que estas

---

8. Desenvolvido, mais tarde, por mim, num ensaio em meus Anuários, v. 18, n. I. Do mesmo modo, atualmente, os tribunais franceses, com verdadeiro tato, aplicam a condenação pecuniária, em contraste com a maneira contrária com que o fazem nossos tribunais alemães.
9. Outra moeda alemã antiga. N. dos T.

fossem importantes, não poderiam ser calculadas em dinheiro, enquanto que ao juiz francês a conversão não causaria o menor escrúpulo.

Um professor particular que aceita contrato numa instituição privada encontra, depois, uma oferta mais vantajosa e rompe o contrato, sendo que não se poderá encontrar logo outro para ficar em seu lugar. Não é fácil calcular o valor em dinheiro, o fato de os alunos ficarem sem aulas de francês ou de desenho, durante semanas ou meses, ou o dano pecuniário sofrido pelo diretor da instituição.

Uma cozinheira abandona o serviço, sem motivo, e coloca os patrões em grande dificuldade, já que não se encontra quem a substitua. Que se calcule o equivalente pecuniário desses contratempos!

Em todos esses casos, fica-se sem o auxílio do direito comum, pois a ajuda que o direito oferece à parte prejudicada exige uma prova anterior, que não pode ser fornecida regularmente. E mesmo que fosse fácil fornecê-la, o mero valor pecuniário pedido não seria suficiente para reparar o dano causado pela outra parte. Trata-se, justamente, de um estado de ausência do direito.

Não é o transtorno pelo qual se passa que pesa e fere, mas o sentimento amargo de que o bom direito pode ser pisoteado, sem que exista um remédio contra isso.

Não se pode responsabilizar o direito romano por esse defeito, embora conste em sua base que só se pode emitir o julgamento final a partir do dinheiro e, assim, a condenação pecuniária era utilizada de certo modo e não apenas o interesse pecuniário, mas também os demais interesses lesados recebiam proteção eficiente.

A condenação pecuniária era o meio de pressão do juiz civil para assegurar o cumprimento exigido de suas ordens. Um réu que se recusasse a fazer o que o juiz lhe determinara não podia, com o mero valor pecuniário, saldar sua dívida, pois a condenação pecuniária tomava aqui o caráter de punição, e mesmo esse resultado do processo assegurava algo ao autor, representando muito mais que o dinheiro, isto é, a satisfação moral pela frívola lesão ao seu direito.

A ideia da satisfação moral é totalmente estranha à moderna teoria do direito romano, pois para ele nada significa, não conhecendo este nada além do valor pecuniário da prestação não paga.

Essa insensibilidade atual do nosso direito pelo interesse ideal da lesão ao direito também está ligada à abolição, pela prática moderna, das penas privadas romanas.

O depositário ou o mandatário infiel não é mais punido com a pena de infâmia; a maior vilania, quando consegue evitar a lei penal, fica hoje em dia totalmente livre e sem punição.[10]

Ainda figuram, em certos livros didáticos, as penas pecuniárias e as penas às frívolas negações, mas na jurisprudência elas já não aparecem. O que significa isso? Nada mais, a não ser que entre nós a injustiça subjetiva foi colocada no mesmo nível que a objetiva.

Entre o devedor que, de maneira desavergonhada, nega a dívida e o herdeiro, que o faz *bona fide*, entre o mandatário, que

---

10. Lembre-se que aludo ao direito romano de hoje. Se insisto aqui neste ponto, isso acontece porque houve quem me criticasse por haver esquecido, na exposição do texto acima, do Código Penal alemão, § 246, 266. O fato de eu ter feito uma crítica ao *direito romano de hoje*, o crítico já o esqueceu ao final de cinco páginas!

me enganou e aquele que apenas cometeu um erro, quase entre a violação frívola ou a ignorância, o nosso direito atual não conhece a diferença – trata-se, sobretudo, de mero interesse pecuniário, em torno do qual gira o processo.

A ideia de que a balança de Têmis deve pesar a injustiça, tanto no direito civil como no direito penal, e não apenas o dinheiro, está tão distante da concepção dos nossos juristas atuais que eu, embora queira exprimi-lo, devo aceitar que justamente nisso consiste a diferença entre direito penal e direito privado.

E o direito atual? Sim, eu o aceito: infelizmente! E o direito em si? Não! Ainda me deve ser provado que existe, em algum lugar, uma face do direito em que a ideia de justiça não possa ser inteiramente realizada, mas é inseparável da execução do ponto de vista da responsabilidade.

O segundo dos mencionados erros cometidos pela moderna ciência do direito consiste na teoria das provas, por ela estabelecida.[11] Poder-se-ia pensar que essa teoria só foi criada para frustrar o direito.

Se todos os devedores do mundo conspirassem para enganar aqueles que acreditaram no direito deles, relativamente a seus credores, não teriam estes meio mais eficaz para levar adiante esse objetivo do que nossa ciência do direito, através da teoria das provas.

---

11. É preciso lembrar que a explicação seguinte se refere ao nosso processo de direito comum, que, à época em que esse trabalho foi publicado pela primeira vez (1872), ainda estava em vigor e do qual só nos redimiu o Código de Processo Civil do Império Alemão (em vigor desde 1.º de outubro de 1879).

Nenhum matemático poderia criar método mais exato das provas do que aquele empregado pela nossa ciência do direito. A moderna teoria da prova atinge o mais alto ponto do absurdo nos processos de perdas e danos e nas lides patrimoniais.

O terrível dano, para usar aqui a frase de um jurista romano,[12] "sob a aparência do direito, o próprio direito será acionado", e o contraste benéfico que com isso o direito francês elaborou, de maneira inteligente, foi tão drasticamente exposto, em várias obras recentes, que não posso continuar dispendendo mais palavras; só uma coisa não posso deixar de exprimir: pobre do autor que se envolve num processo e feliz o réu!

Se eu pudesse resumir tudo o que disse até agora, talvez eu escolhesse esse lema como divisa de nossa doutrina e prática modernas.

Ambas estão no caminho vigoroso e avançado, traçado por Justiniano; o devedor e não o credor é quem mereceria proteção, pois é melhor cometer flagrante injustiça contra cem credores do que correr o risco de ser rigoroso com um só devedor.

O leigo dificilmente acreditaria que esta tendência, contrária ao próprio direito, causada pela falsa teoria dos civilistas e dos processualistas, ainda pudesse estar em vigor. Ela continua pelo desvio de alguns penalistas mais antigos, desvio que poderia ser um atentado à ideia do direito, constituindo terrível afronta ao senso de justiça jamais praticado. Refiro-me ao vergonhoso enfraquecimento do antigo direito de legítima defesa, direito funda-

12. Paulo, em I, 91, § 3 de V.O. (45, 1): "in quo genere plerumque sub auctoritate juris scientiae perniciose erratur", o jurista teve aqui outro erro em vista.

mental do homem, que, como diz Cícero, é uma lei de natureza inata e sobre o qual os juristas romanos foram bastante ingênuos para acreditar que nenhum direito do mundo poderia desconhecê-la ("Vim vi repellere omnes leges omniaque jura permittunt").

Nos últimos séculos e até mesmo em nosso século poderiam convencer-se do contrário! É verdade que, em princípio, os donos do saber reconheceram esses direitos, mas, animados de simpatia pelo assaltante, assim como os civilistas e processualistas pelo devedor, procuraram, de certo modo, restringi-los e até suprimi-los, de modo que, na maioria dos casos, o assaltante era protegido e a vítima ficava sem proteção.

Que abismos de decadência do sentimento da personalidade, da falta de virilidade, da atrofia e do embotamento total do senso de justiça simples e sadio, quando mergulhamos na literatura que expõe essa doutrina[13]– a gente acreditaria estar numa sociedade de castrados morais!

O homem que se depara com um perigo ou com uma ofensa à sua honra deverá retirar-se ou fugir.[14]

Assim, também, é dever do direito abandonar o campo da injustiça.

Discordam os sábios apenas num ponto: se os oficiais, os nobres e os membros das classes sociais mais elevadas teriam também o dever de fugir.[15] Um pobre soldado que, atacado, começou a recuar duas vezes, em obediência a uma ordem, mas, na ter-

13. Ela se encontra reunida na obra de K. Levita: *O direito de legítima defesa*, Giessen, 1856, p. 158 e segs.

14. Levita, idem, ibidem, p. 237.

15. Idem, p. 240.

ceira vez, como o inimigo continuasse a persegui-lo, resistiu e o matou, foi condenado à morte "para servir de exemplo edificante a si mesmo e de lição aos demais".

Entretanto, às pessoas de classe alta ou de posição mais elevada e de nobre nascimento, bem como aos oficiais, é permitido recorrer à legítima defesa diante de um ataque à honra;[16] mas alguém se apressa em acrescentar que, no caso de injúrias, apenas verbais, não podem ir ao ponto de matar o agressor.

Ao contrário, a outras pessoas e mesmo a funcionários do Estado não se pode permitir o mesmo; os funcionários da justiça civil se contentarão em ser "meros homens da lei, com todos os direitos do país, e não poderão ter nenhuma pretensão além disso".

O pior de tudo são os comerciantes. "Comerciantes, mesmo os mais ricos", diz-se, "não constituem exceção, sendo a honra seu crédito, e eles só terão honra enquanto tiverem dinheiro; podem, sem perigo, perder a honra e a reputação, sofrer injúrias, e, se pertencerem a classes mais baixas, receber pancadas e socos no nariz, desde que não muito dolorosas".

Se o infeliz for um camponês comum ou judeu, deverá receber, ao desobedecer a essas normas, as penas destinadas a quem fez justiça com as próprias mãos, enquanto outras pessoas só serão punidas "da maneira mais branda possível".

Edificante é o modo como se procurou excluir a legítima defesa no caso de defesa da propriedade. A propriedade, segundo alguns, é exatamente como a honra, um bem reparável, aquela mediante a *reivindicatio*, esta mediante a *actio injuriarum*. Mas como, se o ladrão fugiu para as montanhas com a coisa furtada e não se sabe onde está?

---

16. Idem, p. 205 e 206.

A resposta tranquilizadora é a seguinte: o proprietário sempre tem, *de jure*, a *reivindicatio*, "e só por acaso, pela natureza do próprio direito de propriedade, por circunstâncias totalmente fortuitas, a demanda não conseguirá atingir seu objetivo".[17]

Aquele que perdeu toda a fortuna, em valores mobiliários, deverá consolar-se, pois conservará sempre a propriedade e a *reivindicatio*, enquanto o ladrão nada tem, senão a posse de fato!

Isso lembra o caso da pessoa roubada e até a consola, se o ladrão não tem em mãos as instruções sobre o uso do objeto roubado.

Outros, em certos casos, quando se trata de um valor considerável, premidos pela necessidade de empregar a violência, sentem-se no dever, como vítimas, apesar da forte emoção, de calcular quanta força será necessária para rechaçar a agressão.

Se alguém quebrar o crânio de uma pessoa, quando poderia ter calculado, antecipadamente, a consistência desse crânio, poderá tornar-se responsável, porque poderia o agredido ser reduzido à inatividade por um golpe menos violento, da parte de alguém que, antes da agressão, estivesse em condições de calcular o grau de resistência do crânio e de graduar a força dos golpes. Para ele, a posição do agredido é semelhante à de Ulisses, que se preparou para o duelo com Iros (*Odisséia*, XVIII, 90):

> "Pensa agora o maravilhoso e sofredor Ulisses:
> Se deverá agredi-lo com força, para que logo caia inerte,
> Ou se deverá bater suavemente, para que só se estenda no chão.
> Este pensamento me pareceu, entre os dois, o melhor".

---

17. Idem, p. 210

Ao contrário, tratando-se de objeto de menor valor, isto é, de um relógio de ouro ou de uma carteira com alguns *gulden*, ou até de algumas centenas de *gulden*, o ameaçado não deve causar ao adversário nenhum mal físico. O que é um relógio comparado com a vida e com membros sãos?

O primeiro é um bem facilmente substituível, o outro é um bem totalmente insubstituível. É uma verdade incontestável! – pela qual só as pequenas coisas são esquecidas, uma vez que o relógio do assaltado e os membros pertencem ao ladrão e para este último têm um valor muito alto; para o primeiro não têm valor algum e, assim, em relação à total e incontestável reparabilidade do relógio, uma pergunta: ele será substituído? Até que ponto o juiz condenará o ladrão?

Mas basta de estupidez e de absurdo dos sábios!

Que profunda vergonha sentirmos ao tomar conhecimento de que cada simples pensamento do salutar senso de justiça vê, em toda a lesão do direito, mesmo que se trate apenas de um relógio, a própria pessoa, com todos os seus direitos e toda a sua personalidade, sendo agredida e vulnerada.

A ciência do direito dos nossos dias não poderá ficar totalmente estranha a essas lesões, que erigem em dever jurídico o abandono do direito e a fuga covarde diante da injustiça!

Poderá ser surpreendente que, em certa época, em que a ciência ousou aparecer à luz do dia, o espírito da covardia e da tolerância apática da injustiça tenha determinado o destino da nação?

Sorte a nossa por viver agora, quando os tempos mudaram – tais pontos de vista se tornaram impossíveis, podendo apenas prosperar no pântano de uma vida nacional, política e juridicamente decadente.

Com a teoria da covardia, desenvolvida neste momento, a obrigação com o abandono do direito ameaçado, tive eu a visão do contraste, cientificamente mais remoto, que elevou, ao contrário, a luta pelo direito a um dever.

Não tão profundo, mas ainda bastante profundamente se encontra, sob a altura do senso de justiça sadio, o nível de visão de um filósofo moderno, Herbart, a respeito da última fase do direito. Ele vê no direito, por assim dizer, um só motivo estético: o desagrado pela luta.

Aqui não é lugar para mencionar a total indefensabilidade desta opinião, mas encontro-me na feliz situação de poder citar as conclusões de um amigo.[18]

Fosse o ponto de vista estético, pelo valor do direito, uma justificativa, eu não saberia se a beleza estética ficaria no lugar do direito, excluindo a luta, ou, precisamente, encerraria a luta em si mesma.

Aquele que achar a luta antiestética, deixando de lado completamente o título estético, deverá também deixar de lado toda a literatura e arte desde a *Ilíada* de Homero e as esculturas dos gregos até as pinturas dos nossos dias, pois não existe nada que, por si mesmo, tenha exercido tal atração quanto a luta, em suas diversas formas. Deveremos ainda procurar alguém para quem o espetáculo de maior impacto nas artes humanas, que a pintura e a poesia já exaltaram, desperte não o sentimento estético que agrada, mas que tenha produzido um desagrado estético.

---

18. Jul. Glaser, *Coletânea de obras menores sobre direito penal, civil e processo penal,* Viena, 1868, vol. I, p. 202 e segs.

O mais alto e expressivo problema para a arte e para a literatura é o da aceitação, pelo homem, da ideia de direito, de pátria, de fé e de verdade. E essa aceitação será sempre uma luta.

Não somente a estética, mas a ética, nos deve dar uma explicação, quando a essência do direito está de acordo ou em oposição a ela.

Mas a ética, longe de repudiar a luta pelo direito, apresenta-a como o direito do indivíduo ou dos povos e eu desenvolvi, neste trabalho, essas condições existentes, como um dever.

O elemento luta, que Herbart quer excluir da concepção do direito, faz parte dele para sempre – a luta é o eterno labor do direito. Sem luta não há direito, assim como sem trabalho não há propriedade.

O ditado "com o suor do teu rosto hás – de comer o teu pão" é tão verdadeiro quanto o que lhe opomos: "na luta, hás de encontrar o teu direito".

No momento em que o direito desiste de sua capacidade de luta, está desistindo de si mesmo – e também vale para o direito o dito do Poeta:

> "Esta é a conclusão final da sabedoria:
> Só merece a liberdade e a vida
> Aquele que tem de conquistá-las diariamente".

Obras publicadas nesta Série

1. *Dos delitos e das penas*. Cesare Beccaria. Tradução de J. Cretella Jr. e Agnes Cretella. 6. ed. rev. da tradução. São Paulo: RT, 2013.
2. *O príncipe*: com as notas de Napoleão Bonaparte. Niccolò Machiavelli. Tradução de J. Cretella Jr. e Agnes Cretella. 5. ed. rev. da tradução. São Paulo: RT, 2009.
3. *A luta pelo direito*. Rudolf von Ihering. Tradução de J. Cretella Jr. e Agnes Cretella. 6. ed. rev. da tradução. São Paulo: RT, 2010.
4. *Institutas do Imperador Justiniano*. Tradução de J. Cretella Jr. e Agnes Cretella. 2. ed. da tradução. São Paulo: RT, 2005.
5. *Teoria pura do direito*: introdução à problemática científica do direito. Hans Kelsen. Tradução de J. Cretella Jr. e Agnes Cretella. 8. ed. rev. da tradução. São Paulo: RT, 2012.
6. *Do contrato social*. J. J. Rousseau. Tradução de J. Cretella Jr. e Agnes Cretella. 3. ed. rev. da tradução. São Paulo: RT, 2011.
7. *A cidade antiga*: estudo sobre o culto, o direito e as instituições da Grécia e de Roma. Fustel de Coulanges. 3. ed. 2. ed. rev. da tradução. Tradução de J. Cretella Jr. e Agnes Cretella. São Paulo: RT, 2011.
8. *Discurso sobre a servidão voluntária*. Étienne de La Boétie. Tradução de J. Cretella Jr. e Agnes Cretella. 2. ed. rev. da tradução. São Paulo: RT, 2009.
9. *Institutas do Jurisconsulto Gaio*. Gaius. Tradução J. Cretella Jr. e Agnes Cretella. São Paulo: RT, 2004.
10. *Curso de direito administrativo comparado*. Jean Rivero. Tradução de J. Cretella Jr. 2. ed. rev. da tradução. São Paulo: RT, 2004.
11. *Espadas e símbolos*: a técnica da soberania. James Marshall. Tradução de J. Cretella Jr. e Agnes Cretella. 2. ed. da tradução. São Paulo: RT, 2008.

Diagramação eletrônica:
TCS - Tata Consultancy Services - CNPJ 04.266.331/0001-29
Impressão e encadernação:
Geo-Gráfica e Editora Ltda., CNPJ 44.197.044/0001-29.

A.S. L8718